D1574193

»Ich bin ganz, ganz tot, in vier Wochen«

Über dieses Buch: Die aberwitzigsten stammen von Dostojewski, die schönsten von Else Lasker-Schüler, grausige schrieb Joseph Roth, Heinrich Heine professionelle, tragikomische finden sich bei Liliencron, Kafka war in dieser Beziehung sehr diskret. Hölderlin voller Skrupel, Koeppen auf einzigartige Weise hinhaltend und Joyce natürlich ironisch: Wo die Freiheit der »freien« Schriftsteller aufhört, fangen die »Brandbriefe« an. Sie handeln von chronischer oder sporadischer Geldnot, von Publikationsverbot und Zensur, von klammen Fingern in ungeheizten Stuben und akuten Notrufen im Internet – und von den höchst individuellen, oft anarchischen Strategien der Autoren.
Birgit Vanderbeke hat Briefe aus drei Jahrhunderten gesammelt und kommentiert.

Birgit Vanderbeke, geboren 1956 in Dahme/Mark, lebt im Süden Frankreichs. Sie wurde 1990 für die Erzählung *Das Muschelessen* mit dem Ingeborg-Bachmann-Preis ausgezeichnet. 1999 erhielt sie den Solothurner Literaturpreis für ihr erzählerisches Gesamtwerk, 2002 wurde ihr der Hans-Fallada-Preis verliehen. Ihr Bestseller *Alberta empfängt einen Liebhaber* wurde in viele Sprachen übersetzt. Zuletzt erschien im S. Fischer Verlag *Sweet Sixteen*.

»Ich bin ganz, ganz tot, in vier Wochen«

Bettel- und Brandbriefe berühmter Schriftsteller

Herausgegeben von

Birgit Vanderbeke

Autorenhaus

Bibliografische Information der Deutschen Bibliothek
Die Deutsche Bibliothek verzeichnet diese Publikation in der Deutschen
Nationalbibliografie; detaillierte bibliografische Daten sind im Internet unter
www.dnb.ddb.de abrufbar.

Umschlagabbildung: Picture Press
Umschlaggestaltung: Sigrun Boenold
ISBN-10: 3-86671-009-7
ISBN-13: 978-3-86671-009-2
Zuerst 1990 unter dem Titel *Fresse schon meine Fingerspitzen wie Spargelköpfe* in
der Sammlung Luchterhand erschienen.

Überarbeitete und erweiterte Neuausgabe
© 2006 Autorenhaus Verlag GmbH, Berlin

Umwelthinweis: Dieses Buch wurde auf chlorfrei gebleichtem, säurefreiem
Papier gedruckt.

Satz: Type & Buch Kusel, Hamburg
Druck und Bindung: Ebner & Spiegel GmbH, Ulm

Inhalt

Vorwort

»Ja kann man denn davon leben?«

Als ich im Jahr 1989 beschloss, Schriftstellerin zu werden, war ich immerhin schon 34 Jahre alt, hatte einen fünfjährigen Sohn und wusste bereits, dass Leben Geld kostet. Die obige Frage habe ich inzwischen wohl tausendmal gehört, damals stellte ich sie mir sozusagen im stillen Kämmerlein selbst und begab mich auf der Suche nach Antworten in die Vergangenheit, zu meinen Vorgängern, von denen ich mir natürlich ein herzliches »Klar doch« erhoffte. Was ich fand, war nicht gerade ermutigend: Die Korrespondenz beinah aller Schriftsteller, denen ich meine Frage vorlegte, ist voller Dokumente, die mir zu einem verzagten »Lieber nicht« raten wollten – es wimmelt von Notlagen, regelmäßigen finanziellen Engpässen, notorischen Dauerschulden, Publikationsschwierigkeiten, Zensurproblemen, tragischen, teils auch hochkomischen Bedrängnissen, kurz: Ich entdeckte ein eigenständiges, in eingeweihten Kreisen nicht völlig unbekanntes, aber doch sehr unterschätztes literarisches Genre – den Bettelbrief, und ich kam zu dem Schluss: »Quer durch die Jahrhunderte scheint es eine quasi naturgesetzliche Konstante zu sein, dass kaum einer je aus eigener (Schreib-) Kraft durch- und ausgekommen ist.«

Also wurde ich Schriftstellerin.

Und kann die Eingangsfrage nach siebzehn Berufsjahren klar beantworten: »Eher nicht, aber irgendwie doch.«

Dies belegen im Übrigen die Zahlen, die von der Künstlersozialkasse für das Jahr 2003 für die 140.000 bei ihr versicherten Künstler ermittelt worden sind. Das durchschnittliche Jahreseinkommen eines freien Autors beträgt 15.749 Euro, das einer Autorin 11.372, macht im Schnitt 13.643, also ein »Eher nicht«.

Womit wir beherzt zum »Irgendwie doch« schreiten wollen.

Während ich also Bettelbriefe sammelte und Kommentare dazu verfasste, die später von der wunderbaren Christiane Gieselmann für den Luchterhand Taschenbuchverlag lektoriert wurden, schrieb ich ein zweites Buch. Eine Erzählung.

Aus Gründen, die mir heute nicht mehr erinnerlich sind, wollte der Luchterhand Verlag die nicht haben. Der Fischer Verlag auch nicht, ebenso wenig der Rowohlt Verlag und einige andere. Frau Gieselmann indes, der die Erzählung gefiel, schickte sie listig an die aus Wohngemeinschaftszeiten befreundete Lektorin des Rotbuch Verlags, der damals noch aus »wirklichen Menschen« bestand. »Wirkliche Menschen« nennt Robert Gernhardt in seinem schönen und jedem angehenden Schriftsteller dringend zu empfehlenden Buch »Wege zum Ruhm« jene, die einem Verlag mit Herz und Blut vorstehen und nicht als Geschäftsführer. Gleichzeitig schickte sie, ohne mir davon etwas zu sagen, die Erzählung einer weiteren Bekannten, die in jenem Jahr – einmalig – Mitglied der Jury in Klagenfurt war. Das tat auch der Rotbuch Verlag, nachdem er beschlossen hatte, aus der Erzählung ein Buch zu machen. Von den beiden Klagenfurt-Attentaten erfuhr ich erst, als ich die Einladung erhielt, am Bachmann-Wettbewerb teilzunehmen. Ich war entrüstet und lehnte die Reise nach Klagenfurt ab. Der Kleinverlag wiederum war entrüstet, dass ich die Gelegenheit nicht wahrnehmen wollte, für ihn werbewirksam ins Rennen zu gehen; die damalige Lektorin wies mich energisch darauf hin, dass Veröffentlichungen etwas mit Öffentlichkeit zu tun haben und dass von dieser Öffentlichkeit keinesfalls nur Texte, sondern Ende des 20. Jahrhunderts unbedingt auch deren Urheber betroffen seien.

Wundersamerweise gewann ich den Bachmannpreis und war von eben auf jetzt eine Schriftstellerin, welcher Senkrechtstart mir im damaligen Branchenjargon die Bezeichnung »acid« eintrug und tatsächlich eine Ausnahme ist. Meine Erzählung erschien kurz darauf unter dem Titel »Das Muschelessen«, wurde von allen namhaften Zeitungen komplett verrissen und ist heute Schullektüre.

Mein zweites literarisches Buch überlebte ich dank des Preisgeldes für das erste, das dritte dank eines neunmonatigen Stipendiums der Stadt Berlin, das vierte war eine glatte Mogelpackung: Ich bewarb mich beim Literaturfonds mit dem Anfang einer Erzählung, die ich dann aber nicht gleich schrieb, sondern erst ein paar Jahre später, als ich wieder einmal den Verlag wechselte.

Denn in den neunziger Jahren trat etwas Fatales ein und betraf nicht nur den Rotbuch Verlag, der im Jahr 1993 vor der Omnipräsenz übermächtiger Buchkonzerne und Buchhandelsketten kapitulierte wie viele andere Kleinverlage um diese Zeit auch. Mein Verlag ging zwar nicht pleite, aber er verkaufte sich, seinen Namen und seine Autoren sowie die Rechte an deren Büchern und war hinfort nicht mehr der alte.

Nach meinem fünften Buch erhielt ich eine Jahresabrechnung über etwas mehr als dreitausend Mark und gab mich kaum mehr der Hoffnung hin, »davon leben zu können«; erschöpft fing ich 1997 mit dem alten Erzählungsanfang von 1995 mein sechstes Buch an und suchte wieder einmal einen Verlag.

Um die Zeit grassierten in der deutschen Kultur zwei merk-

würdige Phänomene: die »neue deutsche Literatur« und der
Drang nach Berlin. Dort gründeten etliche große Verlage
kleine Ableger, wohl um einen Fuß in der Hauptstadt zu haben. Inzwischen gibt es die meisten nicht mehr, so auch den,
der mit mir und mit dem ich das zweite Wunder meiner Berufs-
laufbahn erlebte, denn literarisch ist absolut unerklärlich, warum ausgerechnet dieses sechste Buch zu einem Riesenerfolg
wurde und mich auf eine äußerst schlichte Weise sanierte: Das
Erste, was ich tat, als ich realisierte, dass ich wirklich Geld ver-
diente, war etwas ganz Profanes – ich rangierte die alten, etwas
verschlissenen Frotteehandtücher und große Teile der Bettwä-
sche aus und kaufte einen Satz neue. Der Erfolg dieses Buches
indes war ein höchst gefährlicher, denn es war eines der wenigen Male, dass sich die Literaturkritik einmütig für ein Buch
aussprach, das zugleich eine richtig große Leserschaft hatte.
Die Kritik in Deutschland liebt normalerweise keine Bücher,
die die Leser lieben, sondern eher Bücher, deren Autoren man-
gels Lesern eher geheim als ein Tipp sind und die folglich im
Gestrüpp der staatlichen Kulturförderung ein unteralimen-
tiertes Dauerdasein fristen, indem sie die zuständigen Insti-
tutionen gelegentlich mit der Information versorgen, dass sie
keinen Kühlschrank besitzen und sich von selbst gesammelten
Holunderbeeren ernähren. Um die Zeit bekam ich also etliche
Literaturpreise und wurde in etliche Literaturpreis-Jurys gebeten, so dass ich gegen Eitelkeit gefeit war: »Es ist nicht alles
Schwindel, aber doch das meiste«, sagte Fontane nach der Verleihung des Schillerpreises.

Das siebte Buch schwamm auf dem Erfolg des sechsten mit,
und etwa zu der Zeit kannte ich »die Branche« gut genug, um
zu wissen, dass das beim achten nicht noch einmal gut gehen
könnte. Ich hatte nach erheblichen Konflikten, die unter die

Kategorie Super-GAU fallen und von denen ich heute bedaure,
sie nicht vor den Kadi gebracht zu haben, den Ableger verlassen und um Asyl im Mutterhaus gebeten, wo man mir nicht
glauben mochte, dass das deutsche Büchergewerbe drei auf-
einander folgende Bestseller deutscher Autoren nicht duldet,
und ganz sicher dann nicht duldet, wenn der Autor nach einem
lebensgefährlichen Unfall vom aufstrebenden jungen dynami-
schen Ableger ins vermeintlich sicher gepolsterte Mutterhaus
gewechselt ist, in dem allerdings zu der Zeit die Mitarbeiter
eines weltweit führenden Unternehmensberatungs-Konzerns
praktisch auf den Fluren ihr Lager aufgeschlagen hatten, um es
durch drastische Dezimierung der Belegschaft schlank und fit
ins globale Zeitalter zu bringen.

In diesem Zeitalter nun begegnet der Autor keinem Verleger
mehr und dem Geschäftsführer oder seinem Lektor nur höchst
selten, weil beide durch Dauerkonferenzen mit der Konzern-
führung oder »dem Marketing« so vollzeitig in Anspruch genommen werden, dass sie nicht einmal mehr dazu kommen,
die Klassiker zu lesen. Dafür begegnet er allerlei neuartigen
Kollegen, die sich eher nebenberuflich in seinem Gewerbe be-
tätigen, wie emeritierten Bundeskanzlern, pensionierten oder
noch amtierenden Feuilletonisten, Fernsehkommissaren, er-
grauten oder auch just erst dazu ernannten Schlagersängern,
Diät- oder Wohlfühlspezialisten, Profikickern oder hauptbe-
ruflichen Silicon-Busenwundern, denen man auf den ersten
Blick alles Mögliche ansieht, nur nicht unbedingt, dass sie den
Griffel halten können, und mancher Schriftsteller, der mit
seinem sechzehnten Roman oder dem zwölften Gedichtband
ringt, mag bitter und ein wenig neidisch auf die gewaltigen Auf-
lagen dieser Kollegen blicken, auf die geradezu unglaublichen
Honorare, die ihnen für öffentliche Auftritte in Stadthallen

oder gar Opernhäusern gezahlt werden, während er selbst Einladungen von jenen klammen kleinen Buchhandlungen erhält, die zu seiner Lesung Klappstühle aus dem Keller holen und die wie das Kaninchen auf die Schlange nur auf den Tag blicken, an dem auch bei ihnen gegenüber die Buchhandelskette Sowieso das Bücherkaufhaus eröffnet, das ihr sicheres Ende bedeutet. Er mag sich vielleicht über die Schamlosigkeit grämen, mit der diese »zweite«, vielleicht sogar drittklassige Literatur behauptet, die »erste« zu sein, nur weil auch sie ein »Ich« erfindet oder von professionellen Ghostwritern erfinden lässt; wer allerdings einen solchen Groll hegt, verkennt, dass gerade diese Literatur vielleicht der letzte Schutz seines Berufszweigs ist, denn nur durch sie und den Gewinn, den sie seinem Verlag einträgt, kann er einer Tendenz entgehen, der inzwischen allerdings schon viele Autoren, insbesondere der viel gelobten »neuen« deutschen Literatur der neunziger Jahre, ob Fräulein oder nicht, aus Gründen dauernder und sich damit zu ihren Ungunsten beschleunigender Neuheit längst zum Opfer gefallen sind. Diese Tendenz will keine literarischen Werke mehr, sie verlangt den praktischen Eintagsautor fürs Weihnachtsgeschäft, den mit dem Henkel zum Wegwerfen dran.

Und davon kann man eher nicht leben.

Einführung

»Nimm meinen brüderlichen Rat und gib ja den Vorsatz auf, vom Schreiben zu leben.« 222 Jahre, fast auf den Tag genau, ist dieser Satz alt, den Gotthold Ephraim Lessing seinem Bruder Karl am 26. April 1768 schrieb, und den Schriftsteller möchte ich sehen, der diesen oder einen ähnlichen Rat nicht erhalten und – missachtet hätte bis heut. Tatsächlich sind viele der hier versammelten Briefe solche um Geld. Und weiter: sind die hier versammelten Briefe nur die Spitze des Eisbergs, wenn man so will, denn wo ich auch hingeschaut und geblättert habe – die private und geschäftliche Korrespondenz von Schriftstellern (und reden wir nicht von den Komponisten und Malern!) ist randvoll von Schilderungen der Notlagen, in die geraten kann, wer als »freier« Autor unter den Gesetzen des »freien« Marktes – und diesem oft entgegen – zu schreiben und leben versucht. So unbekümmert oder heikel einer etwa in Fragen des täglichen Speisezettels, des Daches über dem Kopf oder der berufsspezifischen Existenzunsicherheit sein mag, so üppig oder dürftig er von reichem oder armem Hause aus mit entsprechenden Mitteln und Techniken ausgestattet ist, um sich mehr oder weniger geschickt in seinem Beruf einzurichten, so dicht oder durchlöchert das »soziale Netz« ist, das ihn hält, in dem er zappelt oder durch das er hindurchrutscht: Quer durch die Jahrhunderte scheint es eine quasi naturgesetzliche Konstante zu sein, dass kaum einer je aus eigener (Schreib-)Kraft durch- und ausgekommen ist (und kaum einer war natürlich so unberaten oder naiv, sich darüber zu wundern, wenngleich das gespielte Staunen eine häufige und häufig komische rhetorische Variante in den Briefen darstellt): Fast jeder hat Familie, Freunde, Gönner, Verleger, Ämter bis hin zu Kaiser und König um Hilfe zum Dasein und Fortkommen zumindest gelegentlich gebeten, mancher war zeit seines Lebens abhängig davon.

Es ging – und geht noch – um Lebensunterhalt: Vorschüsse, Kredite, Schuldenerlass, um die Beschaffung von Arbeitsmaterial; um Beziehungen, Auftragsvermittlung, Anstellungen, Publikationserlaubnis, Aufhebung von Zensur, auch um das Elend im Exil.

Als ich mit dem Sammeln der Bittbriefe anfing, war ich erschlagen von der gewaltigen Menge und Vielfalt des Materials. Von Ersterer habe ich opfern müssen, darunter Briefe von Lessing, von Ludwig Tieck (das geschäftsmäßig Trockene seiner ansonsten überwältigenden chronischen Schnorrerei macht das Lesen der drei Briefbände zur bürokratischen Übung), E. T. A. Hoffmann, auch Briefe von Hans Fallada, Kurt Tucholsky, Arno Schmidt und Hans Henny Jahnn und natürlich Peter Altenberg, um nur einige zu nennen. Es ist mir schwer geworden, auf Baudelaires Briefe (serienweise, lebenslänglich) an seine Mutter zu verzichten und stattdessen die sicher unbekanntere Pump- und Bettelkorrespondenz Detlev von Liliencrons vorzustellen, in der allerdings die ganze Klaviatur des Genres ausgeschöpft ist: von dumpf depressiver Verzweiflung über die komische Pose derselben bis zum derben oder subtilen Spott des Vogelfreien, der lieber verhungert, als mit den verhassten Spießern den Stammtisch zu teilen. Manchmal, etwa angesichts der Fülle und Dichte von Joseph Roths Tiraden oder der herrlichen Stereotypie in Robert Walsers Briefen an die Freundin Frieda Mermet, jene Wasch- und Bügelfrau, zu der er – im Allgemeinen aus der Ferne – das schönste Bratkartoffelverhältnis über Jahre hinweg unterhielt, habe ich mir nicht anders zu helfen gewusst, als radikal zu destillieren und zu montieren. Berge herausgeschnittener

Schnipsel bedecken meinen Schreibtisch und erregen mir selbstverständlich die heftigsten Gewissensbisse. Andere Briefe aber, wie etwa der von Georg Büchner, haben es mir leicht gemacht, indem sie einzeln, evident, und ohne nach Kürzung oder Bearbeitung zu verlangen, für sich selbst sprechen. Um die Spannung zwischen der Vielfalt der Variationen (es gibt so viele wie Autoren …) und der relativen Gleichförmigkeit des Themas (jemand bittet jemand um etwas) zu erhalten, habe ich mir das historische Chronologisieren der Texte verboten, ebenso jeden Versuch einer Systematisierung nach Themen-, Problem- oder sonstigen »Zusammenhängen«. Kaum könnten Briefe sich unähnlicher sein als die der Zeitgenossen Else Lasker-Schüler und Franz Kafka, während sich in den Briefen von Edgar Allan Poe und Joseph Roth trotz aller Differenzen mehr Gemeinsamkeiten nachweisen ließen, als die hundert Jahre zwischen ihnen vermuten lassen (es ist nicht nur der Alkohol, aber der auch), Strindberg und Liliencron lesen sich in ihrer Korrespondenz (und nur darin) wie Brüder. Jegliches Bündeln würde das chaotische Moment radikal-individueller Überlebenstaktiken, das eigentlich Verbindende dieser Briefesammlung, um das es mir geht, zu bändigen und also zu zerstören suchen.

Und noch ein letzter Hinweis für die Lektüre: Wer etwa annähme, dass in jedem Falle die Tonlage eines Briefes die Notlage des Verfassers genauestens abbildete, der könnte sich – so oder so – geirrt haben.

»Es ist schon theuer genug, in Paris zu leben, aber in Paris sterben …«

HEINRICH HEINE (1779–1856)

FALL EINS

Mäzene oder: Eine Bitte wird erfüllt.

15. Januar 1852, Paris

Herr Baron! [*Rothschild*]

Die älteren Juden, welche sehr gefühlvolle Menschen waren, hegten den Glauben, daß man in Gegenwart eines Kindes nicht etwas Gutes essen dürfe, ohne demselben einen Bissen davon mitzutheilen, aus Furcht, das Kind würde dadurch einen Blutstropfen verlieren […].

Ihr edles Herz, Herr Baron, scheint auch diesem großmüthigen Aberglauben treu geblieben zu seyn und jedesmal, wenn das Glück Sie in Ihren kolossalen Geschäften ganz besonders begünstigte, haben nicht bloß Ihre nächsten Hausfreunde, sondern auch der Dichter, das große Kind, etwas zu schlucken bekommen. In diesem Augenblicke, wo Sie wieder bey einem ungeheuren Unternehmen vorherrschend betheiligt sind, und überhaupt siegreich und millionärer als je aus den Revoluzionsstürmen hervorgehen, jetzt erlaube ich mir, Ihnen wissen zu lassen, daß ich noch nicht gestorben bin, obgleich mein Zustand nicht eben den Namen Leben verdient. Eine sehr große und sehr schöne Dame, die mir in meinem Elend manches tröstende Wort zugerufen hat, und die bey Ihnen in sehr großem Ansehen steht, nemlich die Frau Baronin James Rothschild, wird es Ihnen sehr gut aufnehmen, wenn Sie sich in einer Weise, die meiner und Ihrer würdig wäre, für mich interessieren wollten. Genehmigen Sie die Versicherung der wahren und ehrfurchtsvollen Freundschaft, mit welcher ich verharre,

Herr Baron

Ihr ergebener

Heinrich Heine

FALL ZWEI

Familienbande

Heinrich Heine an seinen Bankiers-Onkel

Salomon Heine in Hamburg

Havre-de-Grâce, den 1. September 1837

Lieber Onkel!

Mit Verwunderung und großem Kummer ersehe ich aus den Briefen meines Bruders Max, daß Sie noch immer Beschwerde gegen mich führen, sich noch immer zu bitteren Klagen berechtigt glauben; und mein Bruder, in seinem Enthousiasmus für Sie, ermahnt mich aufs Dringendste, Ihnen mit Liebe und Gehorsam zu schreiben und ein Mißverhältnis, welches der Welt so viel Stoff zum Scandal bietet, auf immer zu beseitigen. Der Scandal kümmerte mich nun wenig, es liegt mir nichts daran, ob die Welt mich ungerechter Weise der Lieblosigkeit oder gar der Undankbarkeit anklage, mein Gewissen ist ruhig, und ich habe außerdem dafür gesorgt, daß, wenn wir alle längst im Grabe liegen, mein ganzes Leben, mein ganzes, reines, unbeflecktes, obgleich unglückliches Leben, seine gerechte Anerkennung findet. [*Heine droht dem mit ihm verstrittenen, daher zahlungsunwilligen Onkel mit der Veröffentlichung seiner Memoiren, die er tatsächlich erst 1841 zu Teilen, die Salomon Heine betref-*

fen, verbrennt, nachdem ein langwieriger Erbschaftsstreit mit dessen Sohn Carl beigelegt ist.] Aber, theurer Onkel, es liegt mir sehr viel daran, die Unliebe, womit jetzt Ihr Herz wider mich erfüllt ist, zu verscheuchen, und mir Ihre frühere Zuneigung aufs neue zu erwerben. Dieses ist jetzt das schmerzlichste Bedürfniß meiner Seele, und um diese Wohlthat bitte ich, bettle ich und flehe ich mit der Unterwürfigkeit, die ich immer Ihnen gegenüber empfunden und deren ich mich nur einmahl im Leben entäußert habe, nur einmahl, und zwar zu einer Zeit, als die unverdientesten Unglücksfälle mich grauenhaft erbitterten, als die widerwärtigste Krankheit, die Gelbsucht, mein ganzes Wesen verkehrte, und Schrecknisse in mein Gemüth traten, wovon Sie keine Ahnung haben. Und dann habe ich Sie nie anders beleidigt als mit Worten [Das Beste, was an Ihnen ist, besteht darin, daß Sie meinen Namen tragen, *hatte er gesagt, und daraufhin war die Geldquelle aus Hamburg einstweilen versiegt.*], und Sie wissen, daß in unserer Familie, bey unserm aufbrausenden und offenen Charakter, die bösen Worte nicht viel bedeuten, und in der nächsten Stunde, wo nicht gar vergessen, doch gewiß bereut sind. Wer kann das besser wissen, als Sie, lieber Onkel, an dessen bösen Worten man manchmahl sterben könnte, wenn man nicht wüßte, daß sie nicht aus dem Herzen kommen, und daß Ihr Herz voll Güte ist, voll Liebenswürdigkeit und Großmuth. Um Ihre Worte, und wären sie noch so bösc, würde ich mich nicht lange grämen, aber es quält mich aufs gramvollste, es schmerzt mich, es peinigt mich die unbegreifliche, unnatürliche Härte, die sich jetzt in Ihrem Herzen selbst zeigt. Ich sage **unnatürliche** Härte, denn sie ist gegen Ihre Natur, hier müssen unzählige Zuflüsterungen im Spiel seyn, hier ist ein geheimer Einfluß wirksam, den wir beide vielleicht nie errathen, was um so verdrießlicher ist, da mein Argwohn gegen jeden in Ihrer

Umgebung, die besten Freunde und Verwandte, verdächtigen könnte – mir kann dabey nicht wohl werden, mehr als alle anderen Unglücke muß mich dieses Familienunglück bedrücken, und Sie begreifen, wie nothwendig es ist, daß ich davon erlöst werde. Vor drey Monath habe ich bereits, von Granville aus, Sie um Verzeihung gebeten, für den Fall, daß Ihr Unmuth gegen mich noch nicht erloschen wäre. Auch schon diesen Winter, als die ganze Familie von der trauervollsten Heimsuchung betroffen ward [*Salomon Heines Frau Betty war gestorben*], schrieb ich an Carl [*Salomons Sohn*], mit vollem Herzen, den flehendlichsten Brief, daß er Sie, theurer Onkel, meiner unbedingtesten Ergebenheit versichern möchte; ich weiß nicht, ob er es gethan hat, denn auch Carl, ohne es zu ahnen, wird von bösem Gezischel influenzirt. Ich würde damals gewiß selbst nach Hamburg zu Ihnen gereist seyn, wenn nicht eines Theils in Deutschland meine persönliche Sicherheit gefährdet, und andern Theils meine Abreise von Frankreich hier zu Lande mißdeutet werden konnte. Aber ich wiederhole heute dieselben Bitten, und beschwöre Sie mir wieder Ihr großmüthiges Herz zu öffnen; ich beschwöre Sie darum mit Thränen. Das Unglück hat mich so sehr niedergebeugt, daß ich schaudre, wenn ich an die heillosen Wirkungen einer Fehlbitte zu denken wage. Sie haben keine Vorstellung davon, wie sehr ich jetzt unglücklich bin, unglücklich ohne meine Schuld; ja, meinen besseren Eigenschaften verdanke ich die Kümmernisse, die mich zernagen und vielleicht zerstören. Ich habe tagtäglich mit den unerhörtesten Verfolgungen zu kämpfen, damit ich nur den Boden unter meinen Füßen behalten kann; Sie kennen nicht die schleichenden Intriguen, die nach den wilden Aufregungen des Partheykampfes zurückbleiben und mir alle Lebensquellen vergiften. Was mich noch aufrecht hält, ist der Stolz der geistigen Obermacht, die mir angeboren ist, und das Bewußtseyn, daß kein Mensch in der Welt mit weniger Federstrichen sich gewaltiger rächen könnte, als ich, für alle offene und geheime Unbill, die man mir zufügt. – Aber sagen Sie mir, was ist der letzte Grund jenes Fluches, der auf allen Männern von großem Genius lastet: warum trifft der Blitz des Unglücks die hohen Geister, die Thürme der Menschheit, am öftesten, während er die niedrigen Strohkopfdächer der Mittelmäßigkeit so liebreich verschont? Sagen Sie mir, warum ärndtet man Kummer, wenn man Liebe säet? Sagen Sie mir, warum der Mann, der so weichfühlend, so mitleidig, so barmherzig ist gegen fremde Menschen, sich jetzt so hart zeigt gegen seinen armen Neffen?

H. Heine

Der Brief wurde nicht beantwortet.

FALL DREI

Die Wechsel des Julius Campe (Verleger)

Paris, den 23. Januar 1837

Liebster Campe!

Ich habe Ihnen einen langen Brief schreiben wollen, aber eine Todesnachricht, welche ich soeben erfahren (den Tod meiner Tante), betäubt mich zu sehr, als daß ich heute Ihnen zunächst aufs bündigste zeigen könnte, wie sehr Sie sich irren in Ihrem letzten Briefe. Ich werde vielleicht schon in einigen Wochen im stande seyn, Ihnen zu zeigen, wie wenig ich geneigt bin, fremden Insinuazionen in Betreff Ihrer Gehör zu geben, und wie gern ich im freundschaftlichsten Verhältnisse mit Ihnen verharre. Wenn wir nicht alt zusammen werden, so ist es nicht meine Schuld. Zwey Dinge sind es nur, die mich in Bezug auf Sie verstimmen, ja die bey mir, wenn ich daran denke, eine Bitterkeit hervorrufen. Das eine ist der gerechte Vorwurf, daß Sie, während Sie die kühnsten Dinge drucken ließen, ja während Sie in diesem Augenblicke noch den 15ten Theil des Herrn Börne verlegen (wir wissen alles), dennoch meine Werke aufs grausamste der fremdhändigen Verstümmelung [*Zensur*] preisgeben. […] Aus Verzweiflung mußte ich mich entschließen, Dinge zu schreiben, die ich ohnedies viele Jahre lang im Pulte ruhen lassen muß, so daß ich, bey den gequältesten Geldnöthen, die Früchte meines Fleißes nicht ärndten kann. Man giebt bey allen Mißgeschicken lieber den anderen als sich selber die Schuld, und so, wenn meine Geldnoth am quälendsten wird, pflege ich Julius Campe sehr stark anzuklagen. Ich bin in diesem Augenblick, durch eine Reihe von unbegreiflichsten Ereignissen, in eine Schuldenlast von 20 000 Franks gerathen, und so wahr mir Gott helfe! ich werde sie in sehr kurzer Frist tilgen. Wäre, statt Julius Campe, ein Cotta mein Buchhändler, so wüßte ich dieses durch meine Feder in kurzem zu bewerkstelligen. Aber Sie, Campe, haben durch Ihre Knickereyen mich mehr vom Schreiben abgehalten als angeregt, und glaubten Wunder was erreicht zu haben, wenn Sie mich dahin brachten, mit Honoraren vorlieb zu nehmen, wie sie jetzt denjenigen kaum geboten werden, die in mir ihren Meister sehen und nicht den zehnten Theil meiner Popularität genießen. Das ist der zweyte Punkt, und bey den edleren Schmerzen, die mich heute bekümmern, habe ich es harmloser als zu andern Zeiten aussprechen können. […]

Leben Sie wohl und schreiben Sie mir umgehend Antwort. Sind Sie vielleicht bey Cassa, so warten Sie nicht, bis ich auf Sie trassire, sondern schicken mir mahl Geld aus freyer Faust; denn in diesem Augenblick bin ich von Morgen bis Abend in

beständiger Geldsorge, und nur des Nachts, im Traume, denke ich an andre Kümmernisse. Schon daran, daß ich Sie bitte mir Geld zu schicken, sehen Sie, wie sehr Sie sich in Ihrem letzten Brief geirrt haben, und wie wenig ich wünsche, unsere Verhältnisse aufgelöst zu sehen. – Leben Sie wohl und bleiben Sie mir freundschaftlich gewogen. Ich bitte den lieben Gott inständigst, Ihnen langes Leben, Gesundheit, Generosität und Reichthum zu schenken, auch bitte ich ihn Ihren Muth zu renoviren, nicht den persönlichen, woran ich nie zu zweifeln hatte, sondern den buchhändlerischen. Welch ein kühner Jüngling waren Sie einst, Sie sahen mit unerschrockenem Blick in die schwarzen Höhlen, wo die Preßbengel in fürchterlicher Bewegung. […] Ich lasse Sie jetzt abmalen mit einer Schlafmütze von Correkturbogen, worauf jedes kühne Wort mit Röthel ausgestrichen! Ihr Freund
H. Heine

Paris, den 16. November 1849

Ich bin noch immer ohne Nachrichten von Ihnen, doch ist dieses nicht der Grund, warum ich heute schreibe oder vielmehr schreiben lasse, eine Operazion, die mir in diesem Augenblick, wo ich an den furchtbarsten Krämpfen leide, sehr penibel ist. Meine Krankheit ist halsstarriger, als ich erwartete, und ich leide außerordentlich viel. Sie haben außerdem keine Idee davon, wie kostspielig meine Schmerzen. Daß ich mich unter diesen Umständen noch anstrengen muß, die Mittel zu diesen Ausgaben herbeyzutrommeln, ist entsetzlich. Ich würde Ihnen zum Beyspiel heute nicht schreiben und nicht meinen Krampfzustand erhöhen, wenn mich nicht die Finanznoth dazu triebe.

Ich muß nemlich Ihnen heute Advis geben, daß ich die 600 Mk. Banco des noch in diesem Jahre fälligen Semesters bereits heute auf Sie trassire, und zwar einen Monath nach dato, und an die Ordre von Rothschild Frères, wie gewöhnlich; ich hätte gern mit dieser Tratte noch gezögert, da ich wohl weiß, daß dies keine sehr barschaftliche Epoche für Sie ist, und Ihnen erst nach dem neuen Jahr die vielen Gelder einkommen, aber, wie gesagt, meine Ausgaben übersteigen alle meine Erwartungen, und ich weiß nicht, wie ich dieses Jahr auch finanziell zu Ende leben kann. Denken Sie darüber nach, wie Sie mir einen Zuschuß von etwa 1000 Mark Banko einleiten könnten, ohne daß ich dadurch meine Lage aggravire. Mein Vetter hat unter den obwaltenden Verhältnissen genug gethan, und von dieser Seite kann und will ich nichts mehr in Anspruch nehmen. Betteln ist eine sehr unangenehme Sache, betteln aber und nichts bekommen ist noch unangenehmer, und völliges Mangelleiden wäre solcher Unannehmlichkeit vorzuziehen; ich habe daher auf solcherley Ressource ein für allemal resignirt. Die Kosten meiner Agonie, liebster Campe, dürften Ihnen fabelhaft erscheinen. Es ist schon theuer genug, in Paris zu leben; aber in Paris sterben ist noch unendlich theurer. Und dennoch könnte ich jetzt daheim in Deutschland oder in Ungarn so wohlfeil gehenkt werden. […]

ALL VIER

Exil oder:
Der König liebt das Stück. Jedoch
Wär noch der Autor am Leben,
Ich riete ihm nicht, sich in Person
Nach Preußen zu begeben.

Herr Baron!

Das Wohlwollen, womit Sie mich seit Jahren beehren, ermuthigt mich, Sie heute um einen Dienst anzugehn. Trübselige Familienangelegenheiten rufen mich dieses Frühjahr nach Hamburg, und ich möchte alsdann, die Gelegenheit benutzend, einen Abstecher für einige Tage nach Berlin machen, theils um alte Freunde wieder zu sehen, theils auch um die Berliner Aerzte über ein sehr bedenkliches Uebel zu konsultiren. Bey einer solchen Reise, deren einziger Zweck Erheiterung und Gesundheit ist, darf ich wahrlich von keiner atra cura beängstigt werden, und ich wende mich an Sie, Herr Baron, mit der Bitte, durch Ihren hohen Einfluß, mir von den resp. Behörden die Bestimmte Zusicherung zu erwirken, daß ich von denselben während meiner Reise durch die königl. Preußischen Staaten, wegen keinerley Beschuldigungen, welche auf die Vergangenheit Bezug haben, in Anspruch genommen werden soll. Ich weiß sehr gut, daß ein solches Gesuch keineswegs im Einklang steht mit den dortigen administrativen Bräuchen; aber in einer Zeit, die selbst etwas exceptionel ist, dürfte man sich vielleicht dazu verstehen, die alte Registratur mit einer Rubrik für exceptionelle Zeitgenossen zu bereichern. Empfangen Sie, Herr Baron, im Voraus meinen tiefgefühlten Dank, und betrachten Sie meine Bitte selbst als einen Beweis der Verehrung, womit ich verharre, Herr Baron!

Ihr ergebener und gehorsamer

Heinrich Heine

Paris den 11. Januar 1846

*Der Adressat des Briefes, Alexander von Humboldt, schreibt in
seiner Antwort:*
Ich habe mit Wärme gehandelt und habe mir keine Art des
Vorwurfs zu machen – aber es ist mir garnichts geglückt. Die
Verweigerung ist sogar so bestimmt gewesen, daß ich Ihrer persönlichen Ruhe wegen, Sie ja bitten muß, den Preußischen Boden nicht zu berühren.

Und er notiert sich am 28. Januar 1846:

Meine Antwort, eine vorsichtige. Der König, der für diese Gedichte unverwüstliche Vorliebe hegt, fand es hart, trotz der
schändlichen Spottgedichte auf Preußen, ihn zurückzuweisen,
da es menschlicher wäre, ihn den Arzt konsultieren zu lassen,
er auch bald fühlen würde, daß sich hier das Publikum nicht
um den alten Mann mit dem Gesichtsschmerz bekümmere.
Die Polizei wußte dem ihr fremden Zartgefühl zu widerstreben.

*Brief des Staatsministers Bodelschwingh-Velmede an Friedrich
Wilhelm IV. von Preußen:*

Euer Excellenz
benachrichtige ich in Beziehung auf den p. Heyne ganz ergebenst, daß derselbe unter mehreren Anklagen wegen Majestäts
Beleidigung und Aufreizung zur Unzufriedenheit steht, mithin
die Verhaftung zu erwarten hat, sobald er den preußischen Boden betritt. – Ihn hiergegen durch einen besonderen Gnaden-

Act zu schützen, dazu dürfte um so weniger Veranlassung vorliegen, als er bis auf die neueste Zeit fortfährt, Seine Majestät den König auf die niederträchtigste Weise zu beschimpfen. Als eine Probe lege ich unter Bitte baldiger Rückgabe ein eben erschienenes Blatt des Telegraphen bey, in welchem das Gedicht: »Der neue Alexander« zuverlässig von Heyne ist. Derselbe wird unter diesen Umständen auf Diefenbachs [ärztliche] Hülfe verzichten oder ihn zu sich nach Hamburg kommen lassen müssen.

Mit ausgezeichneter Hochachtung
Ew. Excellenz
gz ergbster Diener
Bodelschwingh

Und so wird der König im »neuen Alexander« gezeichnet. Die Anfangsstrophen:

Es ist ein König in Thule, der trinkt
Champagner, es geht ihm nichts drüber;
Und wenn er seinen Champagner trinkt,
Dann gehen die Augen ihm über.

Die Ritter sitzen um ihn her,
Die ganze historische Schule;
Ihm aber wird die Zunge schwer,
Es lallt der König von Hule:

Als Alexander, der Griechenheld,
Mit seinem kleinen Haufen
Erobert hatte die ganze Welt,
Da gab er sich ans Saufen.

Ihn hatten so durstig gemacht der Krieg
Und die Schlachten, die er geschlagen;
Er soff sich zu Tode nach dem Sieg,
Er konnte nicht viel vertragen.

Ich aber bin ein stärkerer Mann
Und habe mich klüger besonnen:
Wie jener endete, fang ich an.
Ich hab mit dem Trinken begonnen.

»Sonst sitze ich wieder einmal in der Tinte«
JAMES JOYCE (1882–1941)

An seinen Bruder Stanislaus

Poststempel 16. August 1906
Via Frattina 52, II, Rom

Lieber Stannie,

Der Gegenstand dieses Briefes ist finanzieller Natur. Es ist Donnerstagmorgen, der 16., und ich habe noch 25 Lire. In meiner Liste vergaß ich ein Häubchen für Georgie [*seinen Sohn*], 3 Lire, zu erwähnen, aber der eigentliche Grund, weswegen das Geld so schnell weggeht, liegt darin, daß wir enorm viel essen. Nora sieht allmählich viel wohler aus. So sieht ihre Mahlzeit gewöhnlich aus – zwei Scheiben Roastbeef, zwei Polpetti, eine mit Reis gefüllte Tomate, etwas Salat, dazu einen halben Liter Wein. Wir kaufen das Fleisch gekocht und nehmen es mit zu einer kleinen Weinstube, wo wir Teller etc. bekommen. Das einzige, was zu tun ist, wäre wohl dies: Artifoni um einen Wochenlohn Vorschuß zu bitten und mir den zu schicken. Denk dran, daß ich am Montagmorgen kein Geld mehr haben werde, so daß Du es, wenn Du nicht schon etwas geschickt hast, telegraphisch überweisen mußt. Die fünfzig Lire, die Du mir diesen Monat leihst, werde ich Dir am 1. Oktober zurückschicken, zusammen mit 50 von mir, die Du auf die Bank bringst.

[…] Bezahl keine Rechnungen mehr: und bitte, erledige sofort, worum ich Dich in dem Brief hier bitte, sonst sitze ich wieder einmal in der Tinte. JIM

»So scheint es mir wohl der Mühe wert, im Notfall etwas zuzusetzen«

FRIEDRICH HÖLDERLIN (1770 –1843)

An seine Mutter

Homburg, d. 29. Jan. [*1800*]

Liebste Mutter!

Ich habe jetzt ungefähr 400 fl. in vierteljährigen Portionen von meinem Buchhändler sicher einzunehmen. […] Wenn ich also mein Journal einige Jahre fortsetze, wie ich es in jedem Falle, um meiner Reputation willen, versuchen würde, und wenn ich in Stuttgart oder hier durch Privatvorlesungen noch einiges verdiene, so kann ich auf ein Einkommen rechnen, das beinahe zureichen wird. Es scheint mir zweckmäßig zu sein, daß ich ohne eigentliche Not die jetzige Art meiner Beschäftigungen und Studien so wenig wie möglich durch eine neue Lebens- und Geschäftsart unterbreche, da ich jetzt erst gewissermaßen eingeschirrt bin, und nach manchen Zerstreuungen und Unruhen endlich einige Festigkeit in meinem Tun gewonnen habe. Die Gründe also, die mir in diesem Augenblicke gegenwärtig sind, wären gegen einen Versuch, den ich ohnedies Ihnen kaum zumuten möchte. – Nämlich, im Fall er fehlschlüge, so würde dies für meine Ruhe, die mir so teuer ist, und für die Geduld, mit der ich mich unter den menschlichen Verhältnissen sehe, eine fast zu starke Probe sein, ich fühle, daß ich noch etwas stärker werden muß, um mich derlei Demütigungen auszusetzen, die mir wenigstens auf einige Zeit die Lust und die rechte Kraft, unter den Menschen etwas zu fördern, nehmen würden. Und ich darf

Ihnen wohl gestehen, liebste Mutter! daß eben hierauf mein Leibes- und Seelenwohl, wenn ich so sagen darf, in hohem Grade beruht. Der andere Grund wäre, daß ich jetzt einigermaßen geborgen bin auf einige Zeit, und daß es uns daran liegen muß, eine Laufbahn, die in keinem Falle sehr ungünstig enden kann, so lange fest zu verfolgen, bis sich irgendein gewisser Erfolg zeigt, und es scheint mir nicht wohl möglich, meine jetzigen Beschäftigungen, die ein so gesammeltes und ungeteiltes Gemüt erfordern, jetzt gerade mit einem Amte zu vereinigen, wo ich mich erst wieder ganz einzugewöhnen und einzustudieren hätte.

Wenn Sie mir erlauben, hinzuzusetzen, daß ich nicht schlimmer als manche andere daran bin, wenn ich ein künftiges Amt mit etwas weniger Vermögen antrete, so scheint es mir wohl der Mühe wert, im Notfall indessen etwas zuzusetzen, soweit mein Einkommen nicht zureicht, besonders da ich, wenn ich gesund bleibe, auch bei einem künftigen Amte meine schriftstellerischen Arbeiten nicht ganz aufzugeben gesonnen bin, die mich freilich nie reich machen, aber wohl nicht so ganz ohne Dank bleiben werden.

Übrigens überlasse ich die Sache Ihrer und meines teuern HE. Schwagers Entscheidung, da ich, so viel es die kurze Zeit leiden wollte, meine Meinung gesagt habe, um so mehr, da ich nicht so, wie Sie, im Stande bin, zu urteilen, ob es mir, nach den genauem Umständen, möglich sein wird, ohne ein beträchtliches Amt meine Existenz zu sichern. Wenn ich die Ausgaben abrechne, die mir meine Kränklichkeit im vorigen Jahr gekostet hat, so finde ich, daß ich mit 500 fl. so ziemlich ausreiche, und so viel könnte ich wohl in Stuttgart oder hier verdienen. – Sie werden es mir nicht verdenken, daß ich die Sache so einseitig ansehe; was höhere Gründe und Gesichtspunkte betrifft, so glaube ich mit gutem Gewissen behaupten zu dürfen, daß

ich den Menschen mit meinem jetzigen Geschäfte wenigstens
ebenso viel diene und fromme als im Predigtamte, wenn auch
der Anschein dagegen sein sollte. Ich stütze mich hierin nicht
bloß auf mein eigenes Urteil, sondern auf den ausdrücklichen
und ernstlichen Dank von achtungswürdigen Personen, den sie
mir über einige meiner öffentlichen Äußerungen gesagt haben.

Meine Abreise von hier hängt indessen vorzüglich von dem
nächsten Briefe ab, den mir mein Buchhändler schreiben wird.
Da ich hierin der Not diene, so werden Sie mir es nicht verdenken, wenn ich sage, daß ich hier bleiben oder nach Stuttgart ziehen werde, je nachdem ich dort oder hier ein leichteres
Auskommen finde. In jedem Falle muß ich noch bis Ostern
bleiben, weil ich meine Arbeiten jetzt unmöglich so weit un-
terbrechen kann. In ungefähr 14 Tagen kann ich Sie wohl über
dieses mit Gewißheit benachrichtigen. Sollte Sinclair, der
wahrscheinlich noch diese Woche nach Schwaben abreist, um
einen Freund bei der kaiserlichen Armee zu besuchen, nach
Blaubeuren kommen, wie er es im Sinne hat, so bitte ich Sie,
von meiner wahrscheinlichen Abreise nichts gegen ihn zu erwähnen, wenn er nicht davon anfängt; solang ich nicht ganz
entschieden bin, mag ich ihm nichts davon sagen, weil er mich
nicht gerne gehen läßt, und ich die ganze Sache gerne kalt über-
denken und beschließen möchte. Übrigens würde mich ein Abschied von diesem Orte nicht wenig kosten, und nur die Aussicht, in meine geliebte Heimat und zu den Meinigen, die ich
in der ganzen Welt vermissen würde, zurückzukehren, könnte
mir ihn erleichtern. Ich habe hier gute, zum Teil vortreffliche
Menschen kennen gelernt, und genieße mehr Attention und
Teilnahme, als ein Fremder erwarten kann, der nichts zu geben
hat als hie und da eine ehrliche Meinung. – Um meine Gesundheit dürfen Sie ja nicht bange sein, teuerste Mutter! Ich habe

schon seit guter Zeit dieses kostbare Gut ungestört genossen, und es freut mich um so mehr, weil ich immer fürchtete, daß der böse krampfhafte Zustand bleibend werden möchte. Am hiesigen Arzte habe ich dadurch eine gar gute Bekanntschaft gewonnen, es ist ein immer heiterer, treuherziger Mann, der einen wenigstens auf Augenblicke schon durch sein gesundes, menschenfreundliches Gesicht heilen kann. Er ist der Mann für alle Hypochonder. – Der verstorbene Gontard, von dem Sie schreiben, ist ein Oncle der Familie, bei der ich war. Mein lieber Henry ist jetzt in einem Erziehungsinstitute in Hanau. Ich schreibe bloß deswegen so selten von ihm, weil ich nicht ohne Wehmut an diesen vortrefflichen Knaben denken kann. Es ist recht gut für ihn, daß er aus Frankfurt weg ist, wo jeder Tag seine wahrhaft edle Natur wo nicht verdarb, doch entstellte. – Das Geld hab ich von Neuffer erhalten, und sage Ihnen nochmals meinen herzlichsten Dank dafür. Im Fall einer Abreise würde ich Sie, wenn es ohne Ihre Unbequemlichkeit geschehen könnte, um etwas weniges bitten, nicht so wohl um der Reisekosten willen, die nicht groß sein werden, als weil ich noch ein Konto bei dem Buchhändler in Frankfurt abzutragen habe. Meiner teuren Schwester danken Sie indessen in meinem Namen für ihren lieben Brief. Ich würde ihn noch heute selbst beantworten, wenn es mir nicht gerade ginge, wie es ihr gegangen ist, daß mir nämlich mein guter Freund, der Ofen, zu kalt werden will, und ich muß ja gehorsam sein, und meinen dreißigjährigen Leib schonen und pflegen. Die Weste soll mir wohlstehn und wohltun.

Tausend Empfehlungen und Grüße. Wie immer

Ihr

treuer Sohn

Hölderlin

»Müssen Sie mir Ihre Hülfe nicht abschlagen«
JEAN PAUL (1763–1825)

An seine Mutter

[…]Wenn Sie nur wüßten, wie ungern ich daran gehe, Sie mit
Geldbitten zu belästigen! Aber könnte ich anders! Und doch
wil ich gar nicht viel, weil ich Ihren Geldmangel kenne, und
weis, wie viele Unterstüzung meine Brüder noch brauchen.
– Ich wil nicht von Ihnen Geld um meinen Speiswirt zu bezalen, dem ich 24 rtl. schuldig bin, oder meinen Hauswirt, dem
ich 10 rtl., oder andre Schulden, die über 6 rtl. ausmachen – zu
allen diesen Posten verlang' ich von Ihnen kein Geld; ich wil
sie stehen lassen bis zu Michael, wo ich diese Schulden und die
noch künftig zu machende, unfehlbar zu bezalen in Stand ge-
sezt sein werde – Also zu dieser grossen Summe verlange ich
von Ihnen keine Beihülfe – aber zu folgenden müssen Sie mir
Ihre Hülfe nicht abschlagen. Ich mus alle Wochen die Wäsche-
rin bezalen, die nicht borgt, ich mus zu früh Milch trinken; ich
mus meine Stiefel vom Schuster besolen lassen, der ebenfals
nicht borgt, mus meinen zerrissen[en] Biber ausbessern lassen
vom Schneider, der gar nicht borgt – mus der Aufwärterin ihren Lohn geben, die natürlich auch nicht borgt – und dies mus
ich nur iezt alles bezalen, und bis auf Michael noch weit mehr.
Nun sehen Sie, zur Bezalung dieser Sachen werden Sie mir
doch wol hülfliche Hand leisten können – ich wüste gar nicht
was ich anfangen solte, wenn Sie mich stekken liessen. Glau-

ben Sie denn, daß ich Sie mit Bitten plagen würde, wenn ich es nicht höchst nötig hätte. Ich mag ia auch nicht viel; acht Taler sächsisch Geld sollen mich zufrieden stellen, und gewis werd' ich dan Ihre Hülfe nicht mehr so nötig haben. Denn das dürfen Sie nicht glauben, daß mein Mittel, Geld zu erwerben, nichts tauge; weil es etwan noch nicht angeschlagen hat. O Nein! durch eben dieses getraue ich mich zu erhalten, und es komt nur auf den Anfang an. Von diesem Mittel mehr zu schreiben verbietet mir der enge Raum meines Briefs […] Übrigens verlass' ich mich darauf, daß Sie mich nicht länger in der Not stecken lassen, und mir mit dem nächsten Posttag schreiben. Acht Taler, wie gesagt, verlang' ich blos, und diese werden Sie doch auftreiben können. – Schreiben Sie mir ia bald, ich bin

Ihr

geh. Sohn   Leipzig den 21 August 1782

J. P. F. Richter

»Fresse schon meine Fingerspitzen wie Spargelköpfe«

ELSE LASKER-SCHÜLER (1869–1945)

Lieber verehrtester Sylvain Guggenheim, bitte schenkt mir noch einmal hundert Frc ...

Es ist bekannt, dass Else Lasker-Schüler ihr Leben lang arm, oft erbärmlich arm gewesen ist. Goldene Blicke, Stirnen, Haare, Strahlen, Säulen, Tore, Tauben, Nächte, Schuhe, goldene Lenzwolken, goldenes Sonnenblut, goldene Freuden Pharaos, blondes Gold und dunkles Gold, Goldflöhchen, honiggold, goldene Kornblumen, Goldnelken, Goldlüfte, Goldzeiten, ein goldnes Bibelblatt, das goldene Du, goldener Odem, goldene Winzer, goldene Wangen, goldner Staub – so golddurchwirkt im wörtlichen Sinne sind Else Lasker-Schülers Gedichte. Es ist auch bekannt, dass Else Lasker-Schüler erst Tino von Bagdad und später der Prinz, zeitweilig auch der Malik (Kaiser) von Theben war, der Not hatte, sich und sein Land zu »halten«. Und manchmal war sie auch: Else Lasker-Schüler – leider. Besonders wenn sie betteln ging, und das musste sie bis zu ihrem Tod 1945. Einmal bekam sie 4000 Kronen von der Stiftung, die Ludwig Wittgenstein aus seinem vielen geerbten Geld der Literaturzeitschrift »Der Brenner« vermacht hat (mehr dazu bei Georg Trakl); im Jahr darauf, 1914, erbrachte ein öffentlicher Aufruf in der »Fackel« von Karl Kraus für die »mit schweren Sorgen kämpfende Dichterin, deren poetische Eigenart ihr bisher den poetischen Markt nicht so weit erschlossen hat, dass sie von ihren Arbeiten leben könnte«, 4000 Mark. Es kann nicht die Rede davon sein, dass Else Lasker-Schüler die Spur haushälterisch gewesen wäre. Die meiste Zeit hatte sie nichts zum Haushal-

ten, geschweige denn einen Haushalt. Nicht von allen Kollegen wurde
dieser Spendenaufruf gebilligt, Kafka zum Beispiel (s. aber S. 39 ff.)
hat ihn als unwürdige Bettelei bezeichnet. Wie dem auch sei: Else Las-
ker-Schüler hat ihren Sohn Paul großgezogen, sie hat die Sorge für
ihn gehabt bis 1917, da ist er mit 28 Jahren gestorben (wie Kafka
an Tbc). Sie hat auch die Krankenkosten, Ärzte, Sanatorium usw.
bezahlen müssen. Einer ihrer ersten – noch sehr expressionistischen,
das nimmt ab mit der Zeit und Not – Bittbriefe (11. Juni 1913):

Hochverehrter Herr Professor [*Richard Meyer*].
In Cairo gab es einen Fakir aus Indien, der sah so aus wie Sie.
Ich war wohl recht albern oder erschreckend – ich aber war unten auf den Straßen, die ich so kreuz und quer herumirrend
wohl kenne, ergriffen – ich glaube von mir selbst, von dem
Gang, den ich wieder vollbracht. Sie haben bei Sich gehabt,
Herr Professor, einen Menschen, der immer spielen möchte
und grobe Dinge zu ordnen bekam. Ich bin mein Lebelang eine
Jungsnatur gewesen, meine Robinsonade ist früh ein Beweis dafür. Ich liebe späte Tanzleiber und Schellengeläute und mußte
mir die Ohren und mein Herz verstopfen. Ich bin so oft schon
gebeten worden zu kommen. Jeder kramte in meiner Schmerz-
seligkeit; Niemand war fürstlich dem Prinzen gegenüber. Ich
bin von Ihrer Art überrascht, lieber, verehrter Fakir und ihre
Frau Gemahlin, die ich Donna nenne in allerspanischster
Verehrung duftete nach Levkojen meiner Lieblingsblume; ihr
Name ist schon Geschmeichel und Sanftmut. Was wollte ich
sagen – *mir* kann nichts mehr nützen. Ich kam betrunken vor
Schmerz zu Ihnen, redete Wirbelwinde, die wohl in der Tiefe
zusammenverbunden waren. Ich wollte immer sagen und sagte
was anderes. Ich war wie Revolution, die verschallte.

Meine Hand und die Waffe sind Brüder, darum rechne ich
nicht mehr, alles endet mit dem Tod. Heute bin ich wie ich
schreibe, wäre ich vielleicht morgen gekommen, hätte ich Ihnen Freude gemacht; niemand zündet mehr mit dem Ulk, den
mein Herz produziert, so lebendig an wie ich es kann. Ich bettle
aber nicht!

Mein Sohn Paul ist mein Alles. Ich habe ihn in der **Odenwaldschule** bei Direktor **Geheeb** in Oberhambach bei Hep-
penheim (Bergstraße). Er ist schon fast ein Jahr dort und fühlt
sich wohl und wird gesund bleiben und das ist mir zunächst
die Hauptsache. Mein Wunsch ist, daß er dort sein Einjähriges
macht und ich immer alles bezahlen kann. Noch bin ich nicht
so weit, gebe mir Mühe **unendlich**. Den Wiener Aufruf hätte
ich nicht erlaubt, ich tat es für meinen Paul. Die zwei Tausend
Kronen dort möchte ich zu seinem event. Studium halten in
Wien im Juliusturm – Prof. Otto hat es unter sich. Ich habe
schon Frauen gesucht, die mir Brandbriefe meiner Gedichte
wegen schrieben, sie sollten es für meinen Paul ausgeben zusammen. Aber Herr Professor, Sie wissen nicht, Geld ist eine
Sammlung wie eine Bildersammlung. Geiz und Undankbarkeit
ist ein Paar gewesen, das man auseinanderschnitt. Zu beidem ist
schlecht Blut nötig. Für jedes Vierteljahr bezahle ich ungefähr
600 Mk Odenwaldschule; da ist auch **Kleidung** und Ausflüge
dabei alles – alles. Und **großartig** ein Landeserziehungsheim
– große Freiheit. Die Kinder freuen sich. Ich meine, so lange
ichs kann, werde ich immer meinem Kind Freude schenken.
Sein rund Herz will kugeln. Daß man ein Kind im frühesten
Jahr schon die Askese des Lebens angewöhnen soll, leuchtet
mir wahrhaftig nicht ein, zumal die Erinnerung mit weiterlebt
oft alles Dunkle später erhellt. Herr Professor, ich will nicht
betteln, aber **ich bitte** Sie im Interesse meines Jungen im Inte-

resse meiner Gedichte (Sie kennen meine neuen arab. Kaiser-
geschichten nicht) sprechen *Sie* mit den Leuten oder wie Sie,
glaub ich, sagten mit dem Verein, daß sie mir das Geld für meinen Jungen geben. Natürlich daß es die Schule nicht merkt. Ich
habe nie, nie mir etwas gekauft – ich habe alles meinem Kind
gegeben – jetzt allerdings beschenk ich mich manchmal, als ob
ich viele Geburtstage im Jahr habe mit bunten Tüchern und
Spielereien. – So hab ich Ihnen alles gesagt, ich bitte Sie nicht
gleichgültig den Brief fortzulegen, Herr Professor. **Welche**
Ehre und Freude wenn Sie und Ihre Frau Gemahlin mich mal
besuchen würden. Ich habe eine Spelunke, die allerdings den
königlichsten Eindruck macht. Kommen Sie auch einmal zu
mir? Darf ich das verlangen. Ich kann Ihnen dann mehr erzählen, Herr Professor. Ich bitte dann um eine Karte vorher. Ich
fühl mich als Prinz und empfinde keine Dreistigkeit in meiner
Bitte. (Wenn ich wenigstens 1– 2 Jahre mal Ruhe hätte.)
Ich sende Ihnen hier die Gedichte. Peter-Hille Buch – die
Nächte Tinos von Bagdad und die Wupper werden sofort vom
Verlag gesandt. Wenn Sie gelesen haben, Herr Professor – aber
schrecklich so viel lesen sollen – dann denken Sie gut und wis-
sen Sie wie ich **war** (St. Peter Hille Buch.) und mich das Leben
angepackt und ich es angesehn hab.
Immer Ihr Sie bewundernder
Prinz von Theben
(E. LSch.)
Verzeihen Sie den langen Brief! Herr Professor!

Zehn Monate später. Else Lasker-Schüler ist wieder zurück im
Grunewald von einer Reise ins zaristische Russland, die sie mit ei-
genem und mit zusammengeliehenem Geld unternommen hatte, um
ihren Freund, den Anarchisten Johannes Holzmann (Senna Hoy),

in der psychiatrischen Abteilung eines Gefängniskrankenhauses zu
besuchen, bevor er, der schönste, blühendste Jüngling, der aus-
zog, für die Befreiung gepeinigter Menschen zu kämpfen, selbst
erlag, zwischen todkranken, irrsinnigen Gefangenen [*Gedichte*
1902-1943, S. 395] – *einer Lungenentzündung. Ihren kaiserlichen*
Plan hat sie nicht ausführen können:

Als der Malik hörte, daß sein verschollener Liebesfreund
schon acht Jahre im Kerker von Metscherskoje im Landes des
Pogroms schmachtete, strich er das Gold von seinem Augen-
lide. Er vergaß zu regieren in Theben, sann, den teueren Gefangenen zu befreien. [*Der Malik, S. 89*]

Vom 14. April 1914 datiert der folgende Brief:
Allerhochverehrtester Herr Professor und liebliche Frau Levkoje der so viel vor Monaten mir und meiner Stadt Theben tat,
die Levkoje man glaubt noch lange wenn sie entschwunden
ist, zu tragen süßer Duft aller bunten Levkojengärten. Mir tut
dieser Brief weh, Herr Professor; Ich bin nun nicht mehr allein Prinz ich bin Malik geworden von Theben und sinne
nun viele, viele Zeit schon nach wie ich mich und mein Land
und meine Macht halten kann. Mir tut dieser Brief so weh, er
ist so schmerzvoll für mich – da ich nur schenkte und nun bitten muß und zwar das Peinlichste, und ich hätte so gern nur
immer um Liebe und Kameradschaft und Vertrauen und Sü-
ßigkeit gebeten. Ich der Malik beneide den Apachen, er kann
stolz sein Gesicht tragen, ich muß mich verstecken hinter
Dornenstrauch, daß er mein Gesicht zerreiße und ich nicht
fühle so schmerzlich, die Worte, die ich Ihnen sprechen werde.
Ich liebte mehr/als ein Malik/ein Räuber zu sein: Waldfeuer,
Höhlenrauch, Wacholdergeruch, Wildwest, Fell. Könnte ich
Ihnen wenigstens mein neu Buch schon das **in diesen Tagen**

bei Schwabach (Sybelstr. 22) herauskommt, senden. Es ist illustriert nach meiner Seele, die müde ist und weint. Ich war in Rußland in den Gefängnissen. Ich gab das Geld dazu, das ich für ein Buch bekam. Mein Freund lag totkrank, ist 8 Jahre gefangen. Niemand wollte ihn trösten. Ich sage das Ihnen, damit Sie mich nicht für unedel halten.

Ich muß Ihnen auch sagen, daß **wahrscheinlich fast sicher** Ende April meine Wupper aufgeführt wird oder Anfang Sept. Ludwig **Kainer** macht die Dekoration. Ich bin dann reicher. Der Fakir und Professor sagte damals zu mir, daß meine Stadt in jedem Jahr dieses unerhörte Geschenk haben sollte. Aber es ist noch kein Jahr vorbei seitdem und doch könnte dieses große Opfer nun mich selig machen; wie ein großes Schiff mit dem ich über den Ozean könnte, ich käm dann nicht mehr in Not. Monatlich verdient ich 200 Mk. Ich habe meinen Jungen gut erziehen lassen, er braucht nur noch zwei Jahre dann hilft ihm Marc, Kainer etc. weiter vorwärts. Er wird Zeichner – und wird dann zuerst angestellt für Plakate etc. Mein Jung muß aber sein Einjähr. machen vorerst. Nun bin ich durch viel was zusammen kam in Verlegenheit. Ich will aber durchaus nicht mehr das große Opfer **geschenkt** haben, es wäre direkt **unerhört** von mir, wenn aber meine Stadt es geliehen bekäme, der Fakir und die Levkoje das Vertrauen hätten! Der Prinz von Theben könnte sich wieder aufbauen schon daran, daß zwei so Edelmenschen wie Sie beide das Vertrauen zu ihm hätten! Ich bin traurig – ich male aus Verlegenheit. Ich spiele mit meiner Trauer aus Scham vor Ihnen

Ihr Prinz Jussuf.

Else Lasker-Schüler

Grunewald-Berlin

Humboldtstr. 13[II]

Baron von Richthofen Legationsrat vom Hansabund weiß, daß ich in Rußland war – den Verlust dieses Geldes konnte ich nicht einholen. Nicht böse sein! **Bitte ich Sie Herr Professor**.

An Franz Werfel ist ein tief verzweifelter, vor Bedrängnis ganz fahriger und dazu noch vergeblicher Brief im Mai 1926. Die Schriftstellerin hatte sich ein Jahr zuvor – Ich räume auf – gründlich und – leider für ihre Publikationschancen – grundsätzlich mit Verlegern angelegt; nichts geht mehr, bis sie 1932 den Kleist-Preis erhält.
   Hier also ist sie:

Else Lasker-Schüler (leider)
Waren Sie wieder in Berlin? Ich *fasse* Sie ja nicht! Denken Sie mein Paul in den **Heistätten** (Südschweiz). Denken Sie der arme Junge lag 2 ½ Monate im Krankenhaus: **München III. Classe** mein Junge. Aber geliebt von jedem Arzt von jeder Schwester. **Lungenabteilung**. So ein Schmerz für mich. Geh. Sauerbruch und Dr. Epstein (gewaltiger, russischer Arzt) glauben er wird wieder gesund in ein bis zwei Jahren. Lieber Franz Werfel, ich bitte Sie mir mit den Verlags-Sachen zu helfen, da Sie Zsolnay kennen etc. Meine **12 Bücher den Rest** haben mir unter Leitung von dem lieben Hugo Simon, geschenkt das heißt: **überlassen**. **Unentgeltlich**. Nun muß ich einmal klug sein, schon damit mein Päulchen immer eine Rente hat. – (Kann nur erzählen) Wollen Sie **sofort** mit Zsolnay verhandeln. Ich hab auch neues Manuscript. Dieses neue Manuscript hatte ich einmal hingesandt vor einem Jahr **etwa. Wiederbekommen**, da **zwei** Partien – schreiben so. Das **Manuscript** schon verkauft **sehr karg**, und ich bekäme es **auch** wieder – **denn** ich bin Privatbolschewist mit Truppen. Nun ist doch ein Kaufmann: Kaufmann: Sie müßten kaufmännisch mich loben, **bin sehr fleißig** und Bücher stehen

im Curs und erste + + + Dichterin – weißen Kappes – schon weiße **Haare** etc. und vom »Grube fahren« da denken Sie: »halt das ist wieder Reclame«! Franz Werfel **sofort** Antwort! Sind Sie **Paris**? Zsolnay soll viel Geld haben! Und ich fresse schon meine Fingerspitzen wie Spargelköpfe. Und **nun** enorm zu zahlen. Will mal sehen, ob Sie **wirklich** religiös sind. **Nur** an einem einzigen zeigt sich die Freundschaft. Denken Sie wie ich nach Rußland fuhr um den himmlischen Königssohn Senna Hoy um einen einzigen. Franz Werfel die Welt fällt wenn Sie es verdrödeln.

Ihr Prinz Jussuf

Zürich – Jerusalem – Ascona – Jerusalem; das sind die Stationen ihres Exils nach 33: Man ist ja nicht allein ein Emigrant wenn man ein Emigrant ist. Daran setzt sich alle Schmach und Verlassenheit und alles Elend. Ich schreibe mit Schmerz wieder, sage ich ganz schlicht.

Zürich, 13.1. 34

Lieber Dr. Heinz Simon.

Ich weiß Sie werden es tun! Ich bitte Sie mir 100 RMk zu – **leihen**! 15. März: Rückgabe! ich **weiß** Sie werden es tun. Mein Arm muß sofort operiert werden nachdem sich nun / durch ruheloses Schreiben **und** Zeichnen, Eiter im Knochen sich bildete. Ich schreibe mit **Brett** unter dem Arm. – bin durch 8½ Monate, seitdem ich hier bin, nie zur Last gefallen. Die Miete für diesen Monat bekomme ich gezahlt. Ich reise Ostern Egypten, wenn mein Arm gesünder. Sie müssen Knochen öffnen. **Sie kriegen wieder!** Int. Hartung hier, sprach von der sehr guten Aufführung in Darmstadt Ihres Stücks. Ich bin ganz traurig. Soll ich dafür Gedichte oder von Bäumen schreiben oder vom Tessin? Gern! Ihre Dichterin Else Lasker-Schüler

Sie hätte sich gewünscht, in Palästina eine Heimat zu finden. Nach ihrer ersten Reise war sie maßlos erbittert, und dass sie schließlich – ab 1939 – in Jerusalem lebte, hat sich Else Lasker-Schüler nicht ausgesucht: die Schweiz hatte ihr keine Einreisebewilligung mehr erteilt.

Else Lasker-Schüler an Arthur Ruppin, 22. V 34
Jerusalem
Poste-restante für Post
Ich wohne **Nordia**
Visàvis Postamt
Jaffa Road.

Adoni
Ich bin die Dichterin – wieder – Else Lasker-Schüler. Ich habe geglaubt in Wahrheit in Palästina geehrt zu werden – nicht allein mit dem Mund. Ich habe ein Viertel Leben, ja ein ganzes nichts getan als allen Juden **Ehre** gemacht. Habe mich prügeln lassen von Antisem. – wie oft – nach Vorträgen meiner Balladen, die alles mehr wie feig sind. – Und nun so?? / ergehts mir im Judenland? / Ich kam und Sie fragten mich »How much« ?? / auch war ein Mithörer zugegen! / Ich war verlegen, wußte auch nicht, daß ein Pfund fast die Hälfte von ehemals bedeutete. Ich habe vor Arbeit, das heißt, *ich* die Dichterin ELSch vor Schnorren nichts oder wenig von Palästina gesehen. – Muß nun wieder fort nach Europa. Ich will der armen Wunde des Judentums näher sein! Ich habe 2 x hier vorgetragen. Lasen Sie zufällig den Erfolg? Ich habe mich verpflichtet im Okt 9 x vorzutragen überall. Ich komme dann mit ein paar Leuten, die mich – **tränken?** Ich spreche nun als anständiger ehrlicher Indianerhäuptling zu Ihnen, /zu Ihnen,/ der mir derjenige der

wirklich starken noblen Geste hier scheint, bescheeren Sie mich noch einmal mit zehn Pfund – zum 2. und letzten Mal parole d'honneur! / Ich hole auch gern selbst ab !! / Sie können wohl glauben, mir wirds schwer zu kommen! […] Ihre Dichterin Else Lasker-Schüler

Ich bin gejagt gewesen 4 Jahre, *schreibt sie 1937. Sie ist wieder nach Palästina eingeladen, kann aber die 60 Pfund nicht aufbringen, die bei der Einreise hinterlegt werden müssen. Ob man sie ihr nicht erlassen könnte, oder was da zu tun wäre!*

In ihren Biografien heißt es, ihre sechs letzten Jahre (1939–1945) habe Else Lasker-Schüler in Jerusalem ohne Geldnot leben können, also ab ihrem siebzigsten Lebensjahr. Briefe wie der folgende an Georg Landauer sprechen dagegen. Er ist vom 21. Februar 1941.

Adon. Doktor.
Ich bin Else Lasker-Schüler – leider
(früher war ich ohne – leider.)

Einige Male kam ich vergebens oder – Sie waren verreist – sagte man mir, Ihnen zu danken, Adon.

Ich habe in etwa 10 Tagen mein 2. neues Buch: Jerusalem fertig gedichtet. So: 250 Seiten. Ich arbeitete an meiner Maschine 6–8 Stunden täglich – also ich faulenzte nicht. In etwa 8 Tagen meine Vorlesung aus ihm. Bitte kommen Sie eingeladen von mir, Adon! Auch möchte ich noch sagen, Sie fragen, da ich *schwer* krank gelegen: Rippenfellentzündung, etc. ich enorm an Medizin brauchte, ich lauf auf Löchern – Auf *Stelzen* , ob, da ich doch immer unserm Volk Ehre machte, brachte, *extra* 3–4 Pfund haben könnte?? Adon, wir sind doch beide Kölner und die Hohe Straße würde einsinken, wenn sie mich sähe. Adon, aber kein Armer darf meinetwegen leiden !!! […] Ich kann vor Schwäche nicht mehr schreiben. **Verzeiht den Blei**, Adon!

[…] ich weiß noch einen Ausweg, daß man mir ein Bild abkauft? Selbst Prof. Slevogt schrieb damals **herrliche** Kritik. Vielleicht wissen Sie Jemand, Adon? Ich wollte Gewerett Kimmel, der **immer** zu mir so lieben guten Gewereth nichts sagen vom Brief, da ich mich schäme.

Prinz Jussuf

Der ehemalige Carnevalprinz Jussuf *ist fünfundsiebzig, als er Georg Landauer noch einmal bittet:* machen Sie für mich den Versuch, da ich schwer krank war und noch bin: Herz, Seele, Gemüt, verdüstert. […] Herr Doktor, kann ich nicht 20 Pfund bekommen monatlich?

Da war gerade der letzte Gedichtzyklus der größten Dichterin, die Deutschland je hatte (Benn) *veröffentlicht:* Mein blaues Klavier. *Else Lasker-Schülers späte poetische Bitte soll dieses Kapitel beschließen.*

Mein blaues Klavier

Ich habe zu Hause ein blaues Klavier
Und kenne doch keine Note.

Es steht im Dunkel der Kellertür,
Seitdem die Welt verrohte.

Es spielen Sternenhände vier
– Die Mondfrau sang im Boote –
Nun tanzen die Ratten im Geklirr.

Zerbrochen ist die Klaviatür ...
Ich beweine die blaue Tote.

Ach liebe Engel öffnet mir
– Ich aß vom bitteren Brote –
Mir lebend schon die Himmeltür –
Auch wider dem Verbote.

»In einer sehr armseligen Lage«
GEORG TRAKL (1887–1914)

An Rudolf von Ficker, Herausgeber der Literaturzeitschrift
»Brenner«, die regelmäßig Trakls Gedichte veröffentlichte

Lieber Herr Ficker! [Wien, 12.XI.1913]

Ich bitte Sie dringlich mir 40 K zu leihen, da ich mich augenblicklich hier in einer sehr armseligen Lage befinde. Ich bin
seit einer Woche in Wien um meine Angelegenheiten* endgültig zu ordnen. Ich weiß nicht, ob es mir gelingen wird**, aber
ich will jedenfalls alles versuchen. Deshalb möchte ich nicht
früher Wien verlassen, als bis alle diese Dinge klargestellt sind.
Ich wäre sehr erfreut, Sie morgen, Donnerstag, um 2 Uhr nach-
mittags im Kaffee »Museum« treffen zu können. Falls es Ihnen
unmöglich sein wird zu kommen, bitte ich Sie mir einige Zeilen
zu schreiben.

Ihr ergebener Georg Trakl
VII. Stiftgasse 27, Tür 25

---

* *Trakl hatte Ende August 1913 ein Gesuch um » Verleihung einer provisorischen Assi-*
stentenstelle im Sanitäts-Fachrechnungsdepartement des Ministeriums für öffentliche Ar-
bei-ten« eingereicht und wollte im Dezember seine Anstellung in Wien selbst betreiben.

** *Nein. Am 12.12. kam die Ablehnung. Eine zumindest »vorläufig endgültige Ordnung*
der Angelegenheiten« hätten die 20 000 Kronen bedeuten können, die Trakl im Sommer
1914 zugesprochen wurden, nachdem Ludwig Wittgenstein sein geerbtes Geld »unter die
Leute« brachte und eine erhebliche Summe dem »Brenner« stiftete (20 000 Kronen gingen
an Rainer Maria Rilke, 20 000 an Carl Dallago, 1000 an Oskar Kokoschka, 4000 an
Else Lasker-Schüler, 2000 an Adolf Loos). Da aber begann der Krieg, und Trakl wurde als
Militärmedikamentenbeamter nach Galizien eingezogen. Ein Vierteljahr später war er
(an Kokainvergiftung) gestorben.

»Das Geschenk einer größeren Freiheit«

MECHTILDE LICHNOWSKY

RAINER MARIA RILKE (1875–1926)

Deutsche Botschaft

London, 9, Carlton House Terrace S. W.

Ich glaube zu wissen, daß es unter meinen deutschen Zeitgenossen Menschen gibt, die, ohne nach Details und Gründen zu fragen, freudig dazu beitragen würden, einem deutschen Dichter den Grad materieller Unabhängigkeit, der für ungehemmtes Arbeiten nötig ist, zu verschaffen, wenn sie von zuverlässiger Seite darauf aufmerksam gemacht würden. Ich weiß einen Dichter, und erhoffe einen Kreis von 30–40 Menschen, die sich bereit erklären, jährlich einen Beitrag nicht unter 100 Mark zu leisten. Soll meine und meiner Freunde Absicht, den Dichter (dessen Namen ich ungern verrate, aber verraten muß, weil ich annehme, daß der Kreis seiner hilfsbereiten Freunde sich bei seinem Klang sofort erweitert), soll also unsere Absicht den Dichter durch Befreiung von Sorge und Zwang einer Zeit freieren Schaffens zuzuführen, wirklichen Wert haben, so müßte die Hilfe sich über eine Reihe von mehreren Jahren ausdehnen. Zunächst sind fünf Jahre vorgesehen. Des Dichters Name ist Rainer Maria Rilke. Es ist nicht beabsichtigt, ihm zu sagen, wem er das Geschenk einer größeren Freiheit verdankt, es sei denn, er wünschte selbst die Namen der Freunde zu erfahren.

Ich bitte alle, die ihm helfen wollen, mir Namen und Höhe des Betrages mitzuteilen, sowie ob ihre Hilfe fünf Jahre dauern wird. Mitteilung meinerseits, betreffend den Zeitpunkt, an dem Beträge erbeten und an welches Bankkonto sie zu richten sind, erfolgt von hier aus.

London, 18. Juni 1914
Mechtild Lichnowsky

»Ersuche daher die löbliche Direktion ergebenst«
FRANZ KAFKA (1883 –1924)

Hochlöblicher
Verwaltungsausschuß!
Der ergebenst Gefertigte leidet seit längerer Zeit an krankhaften nervösen Zuständen, die sich vor Allem in fast ununter-
brochenen Verdauungsstörungen und in schlechtem Schlafe
äussern. Der Gefertigte ist daher gezwungen, sich in einem
Sanatorium einer rationellen Kur zu unterziehen und bittet
den hochlöblichen Vorstand um gütige Gewährung eines ein-
wöchentlichen Krankenurlaubes, den der Gefertigte an seinen
Erholungsurlaub anschliessen und für jene Sanatoriumskur
verwenden würde.
    Das beigelegte ärztliche Zeugnis bestätigt die obige Begrün-
dung des Gesuches.
Prag, am 17. Juni 1912
Dr. Franz Kafka,
Konzipist.

*Mit Bedacht hatte sich Franz Kafka 1908 einen Posten »mit ein-
facher Frequenz« gesucht: eine k. u. k.-Verwaltungsstelle mit sechs-
stündiger Arbeitszeit; gegen Mittag war der Beamte »frei«. »Frei«
fürs Schreiben, so hatte er sich das gedacht; die versuchte Trennung
von Kunst und Leben, Brotberuf und Schreiben ist aber gescheitert. Kafka hat das sehr früh sehr klar gesehen: Sie ist auf Kosten
des Lebens gescheitert. 1912 war das Jahr, in dem er das erkannte,*

nicht ohne im selben Moment dagegen aufzubegehren, sich mit Fe-
lice Bauer zu verloben **und** *sich aufs Schreiben zu werfen; seit*
1912 auch war ihm die Arbeiter-Unfallversicherung die wahre
Hölle, *er saß* im Bodensatz des Jammers, *fühlte sich* verzweifelt wie eine eingesperrte Ratte; *von 1912 an war er tatsäch-*
lich gefangen in einem Doppelleben und nur mehr im Schreiben
geborgen, das täglich durch das Bureau *bedroht und gestört wurde.*
1912 begann der bis dahin engagierte, tüchtige Jurist die Flucht aus
der Bindung, die dennoch hielt: noch zehn Jahre lang, länger als seine
gescheiterten Verlöbnisse, die bekanntlich dasselbe Merkmal (Flucht,
Flucht!) aufwiesen. In den ersten Jahren seiner juristischen Tätigkeit
hatte Kafka sehr wohl auch geschrieben: 1908 zum Beispiel über
den »Umfang der Versicherungspflicht der Baugewerbe und der bau-
lichen Nebengewerbe«, 1909 über die »Einbeziehung der privaten
Automobilbetriebe in die Versicherungspflicht«, 1910: »Unfallverhü-
tungsmaßregel bei Holzhobelmaschinen«, 1911: »Maßnahmen zur
Unfallverhütung«, denn das genau war seine keineswegs nutz- oder
belanglose Aufgabe: dem modernen Arbeitsschutz noch vor seiner ge-
setzlichen Verankerung zur Durchsetzung zu verhelfen, und Kafka
war ein kompetenter und kritischer Spezialist, wenn er die runde
Sicherheitswelle bei Abrichthobelmaschinen gegen die übliche Vier-
kantwelle abwägte und zu verbreiten suchte oder wenn er 1911 in
einem Zeitungsartikel – »Die Arbeiterunfallversicherung und die
Unternehmen« – nachwies, dass vor allem die großen Firmen im Bau-
gewerbe durch falsche Lohnsummenangaben bei der Unfallversiche-
rung betrügerisch Beitragshinterziehung betrieben; wenn er in einem
1914 erschienenen Text – »Die Unfallverhütung in den Steinbruch-
betrieben« – bemängelte, dass Schutzbrillen, wenn überhaupt vor-
handen, sich in den Taschen der Arbeiter befänden, oder vorschlug,
den Alkoholkonsum der Steinbrucharbeiter, die in manchen Gebieten
etwa ein Drittel ihres Monatseinkommens versoffen haben müssen,

drastisch zu senken, indem man nur darauf achten solle, dass Besitzer
von Steinbrüchen nicht zugleich Besitzer der »dazugehörigen« Wirts-
häuser sein dürften, weil auf die Art die Lieferung von Schnaps
gewissermaßen im Arbeitsvertrag bedungen wird.

Als 1912 das »andere« Schreiben nach einer mehrjährigen Pause
mit Wucht wieder anfing (das »Urteil« entstand im September, die
»Verwandlung« im November), war eine von diesen Kafka-Entschei-
dungen gefallen, nämlich über ihn her, die ihn schleichend und ver-
nichtend getroffen haben, weil es immer nicht er eigentlich war, der
sie getroffen hat.

Im Amt begann der Papierkrieg.
Mein Schreibtisch im Bureau war gewiß nie ordentlich, jetzt
aber ist er von einem wüsten Haufen von Papieren und Akten
hoch bedeckt, ich kenne beiläufig nur das, was obenauf liegt,
unten ahne ich bloß Fürchterliches. [*An Felice Bauer*]

Der Arbeiter-Unfallversicherung aber verdankt es Franz Kafkas
Briefwechsel mit Freunden, Bekannten, Verlegern, dass er so ziemlich
frei ist von allen pekuniären Aspekten, die bei vielen anderen Schrift-
stellern unverhohlen im Vordergrund stehen und stehen mussten.

Löblicher Vorstand
der Arbeiter-Unfall-Versicherungs-Anstalt für das Königreich
Böhmen in Prag!
Der ergebenst Gefertigte erlaubt sich sein vor zwei Jahren eingebrachtes ergebenes Ansuchen [*nicht so sehr ergeben, als viel-*
mehr erschlagend war dieses Ansuchen, *ein Mammut-Brief, dem*
man die kribbelige Stimmung von 1912 anmerkt, gespickt mit Sta-
tistiken und Tabellen – und leider zu lang, als dass ich ihn hierher
setzen könnte] um Regelung seiner Dienstbezüge, welchem damals nur zum Teil stattgegeben wurde, abermals zu unterbrei-

ten und bittet dasselbe unter Berücksichtigung der weiteren inzwischen eingetretenen, im folgenden näher ausgeführten Begründung nunmehr einer geneigten Erledigung zuzuführen.

Der ergebenst Gefertigte glaubt es unterlassen zu dürfen, das in jenem Gesuch zusammengetragene ziffermässige Material an dieser Stelle zu wiederholen. Wenn er jetzt sein damaliges Ansuchen um Versetzung in die 1. Gehaltsstufe der III. Rangsklasse durch die Bitte ersetzt, in die 2. Gehaltsstufe der III. Rangsklasse eingereiht zu werden, so findet diese Bitte ihre Begründung in dem seither erfolgten Ablauf zweier Dienstjahre. Hiebei wolle der hochlöbliche Vorstand gütigst in Betracht ziehen, daß bei den Konceptsbeamten des kgl. böhmischen Landesausschusses eine automatische Gehaltsvorrückung um K[ronen] 600,– Grundgehalt stattfindet.

Einer besonderen Hervorhebung bedarf die Tatsache, auf welche der ergebenst Gefertigte schon vor zwei Jahren hinzuweisen sich erlaubte, daß nämlich zwischen seinen Bezügen und denjenigen der Herren Kollegen andererseits ein auffallendes Missverhältnis besteht, das weder in der Zahl der Dienstjahre noch in der Art der Arbeitsleistung begründet ist. Behufs Beseitigung dieses Missverhältnisses bittet der ergebenst Gefertigte 1. um Einreihung in die zweite Gehaltsstufe der dritten Rangsklasse, 2. hinsichtlich der Wirksamkeit dieser angesuchten Vorrückung um die gleiche Behandlung, wie sie seinen dienstjüngeren Herren Kollegen ab 1.1.1915 zuteilgeworden ist und zwar mit Rücksicht darauf, daß die Gehaltsregelung vom Jahre 1913 für den ergebenst Gefertigten vom gleichen Datum ab, wie für jene Herren erfolgt ist.

Prag, am 27. Januar 1915

Dr. Franz Kafka,

Vicesekretär der Anstalt.

Tagebucheintrag zum 25. Dezember 1915:
Eröffnung des Tagebuches zu dem besonderen Zweck, mir
Schlaf zu ermöglichen. Sehe aber gerade die zufällige letzte
Eintragung und könnte 1000 Eintragungen gleichen Inhalts
aus den letzten 3–4 Jahren mir vorstellen. Ich verbrauche mich
sinnlos, wäre glückselig schreiben zu dürfen, schreibe nicht.
Werde die Kopfschmerzen nicht mehr los. Ich habe wirklich mit
mir gewüstet. – Gestern offen mit meinem Chef gesprochen, da
ich durch den Entschluß zu sprechen und das Gelübde nicht
zurückzuweichen, 2 Stunden allerdings unruhigen Schlafs in
der vorgestrigen Nacht mir ermöglicht habe. 4 Möglichkeiten
meinem Chef vorgelegt: 1.) alles weiter belassen, wie in der letzten allerärgsten Marterwoche und mit Nervenfieber, Irrsinn
oder **sonstwie** [*Hervorhebung von mir, B. V.*] enden 2.) Urlaub
nehmen, will ich nicht aus irgendeinem Pflichtgefühl, es würde
aber auch nicht helfen 3.) Kündigen, kann ich jetzt nicht meiner
Eltern und der Fabrik wegen 4.) bleibt nur Militärdienst. […]
Erleichterung offen gesprochen zu haben. Zum erstenmal
mit dem Wort »Kündigung« fast officiell die Luft in der Anstalt erschüttert. Trotzdem heute kaum geschlafen. Immer
diese hauptsächliche Angst: Wäre ich 1912 weggefahren im
Vollbesitz aller Kräfte, mit klarem Kopf, nicht zernagt von den
Anstrengungen lebendige Kräfte zu unterdrücken! *Das Tragi-
sche an dieser Tagebuch-Notiz, das oder sonstwie, trat 1917 ein,
beziehungsweise brach aus, nachdem ein letzter, sehr zaghafter Kün-
digungsversuch, Kafka selbst hat ihn als verlogen und feige bezeichnet, 1916 kläglich mit der Erteilung eines dreiwöchigen Urlaubs niedergeschlagen war: 1917 erkrankte Kafka an Tuberkulose.*

Tagebucheintrag vom 15. September 1917:
Du hast soweit diese Möglichkeit überhaupt besteht, die Mög-
lichkeit einen Anfang zu machen. Verschwende sie nicht. Du
wirst den Schmutz, der aus Dir aufschwemmt, nicht vermeiden
können, wenn du eindringen willst. Wälze Dich aber nicht da-
rin. Ist die Lungenwunde nur ein Sinnbild, wie Du behauptest,
Sinnbild der Wunde, deren Entzündung Felice und deren Tiefe
Rechtfertigung heißt, ist dies so, dann sind auch die ärztlichen
Ratschläge (Licht Luft Sonne Ruhe) Sinnbild. Fasse dieses
Sinnbild an.

Im September 1917 brachte die Tuberkulose für Kafka die
Befreiung vom Amt. Nur noch einmal, fünf Monate lang, vom
Juli bis zum Dezember 1920, während der ersten Zeit seines
dramatischen Verhältnisses zu Milena Jésenska, ging Kafka in
die Arbeiter-Unfallversicherung, die aber zu der Zeit – Nach-
kriegszeit, Umstrukturierung der Institution nach der neu-
gewonnenen tschechischen Unabhängigkeit – im Grunde gar
keine Aufgaben für den dauerkranken Ehemaligen mehr fand.
Kafka hätte sich gern pensionieren lassen. Bei allem Entgegenkommen aber, das das Amt ihm in den Jahren seiner Krankheit gezeigt hat: Wenn er damit kam, stieß er auf hartnäckige
Ablehnung. Anders bei der Reihe der folgenden Briefe: Jedes
Urlaubsgesuch ist bewilligt worden.

Verehrter Herr Oberinspektor!
Samstag nachmittag und Sonntag lag ich mit Fieber im Bett,
heute ist mir besser. Entweder habe ich mich in der letzten
Woche wieder verkühlt, was ja leicht möglich ist, oder aber das
Fieber kommt geradewegs von der Lunge, in welcher der vor-
jährige Lungenspitzenkatarrh unter dem Andrang der schwe-

ren Grippe (bis 42° Fieber) und der Lungenentzündung wieder
lebendig geworden ist. Für das letztere würde das beiliegende
ärztliche Zeugnis […] sprechen […] Über meinen Lungenzu-
stand konnte ich mich bis vor 5 Wochen nicht beklagen; mein
jetziger Arzt, der von meinem alten Katarrh nichts wusste,
hat in den ersten 2 Tagen meiner Grippeerkrankung trotz ge-
nauer Untersuchungen nicht einmal etwas an der Lunge gefunden; erst am dritten Tage zeigten sich unter dem Einfluss der
Krankheit wieder die alten Erscheinungen. So bin ich wieder
stark zurückgeworfen, habe zeitweilig kurzen schweren Atem,
schwächenden Nachtschweiss usw. Trotzdem hätte ich besonders mit Rücksicht auf meinen vorjährigen Urlaub sehr gern
versucht es im Dienst zu überstehn, wenn mich nicht der Arzt
sehr ernstlich davor gewarnt hätte und wenn nicht die gegenwärtige Übergangszeit ein Fernbleiben dem Dienst verhältnis-
mässig am leichtesten verzeihlich machte. Bin ich ein wenig
hergestellt, werde ich kommen, ohne auf die Fristen des Dok-
tors zu achten.

Ich bitte, verehrter Herr Oberinspektor, dies dem Herrn Regierungsrat vermitteln zu wollen. Ich hätte mich in der letzten
Woche dem Herrn Regierungsrat gerne vorgestellt, doch wollte
ich ihn bei seiner gegenwärtigen Überbürdung nicht noch mit
meinem privaten Jammer stören. Sollte der Herr Regierungsrat hinsichtlich meines Fernbleibens irgendwelche Anforde-
rungen an mich stellen, dann bitte ich, verehrter Herr Oberinspektor, mich freundlich sie wissen zu lassen, damit ich ihnen
sofort entsprechen kann.

25 XI 18

Mit herzlichen Grüßen

Ihr immer ergebener

Dr. F. Kafka

1918/19 wurde Tschechisch Amtssprache. Die folgenden Briefe hat Kafka auf Tschechisch verfasst und von seinem Schwager Josef David nachsehen und verbessern lassen.

Löblicher Vorstand

Ich leide seit dem Jahre 1917 an einem Lungenspitzenkatarrh. Durch einen längeren Aufenthalt auf dem Lande hat sich diese Krankheit bedeutend gebessert, als Folge einer schweren Grippe im Herbst 1918 hat sich der Katarrh aber sehr verschlechtert. Nach dem beigelegten Gutachten des Anstaltsarztes wäre ein dreimonatiger Aufenthalt auf dem Lande für mich sehr notwendig.

Ich bitte deshalb den löblichen Vorstand um die freundliche Gewährung dieses Urlaubs, mit dem Bemerken, daß ich mich in der Nähe Prags in Libchov einzulogieren beabsichtige, so daß ich mich auf Abruf sofort in die Anstalt begeben könnte, wenn eine besondere Arbeit das notwendig machte.
Prag, am 12. Januar 1919
Dr. F. Kafka

Gewährt wurden: 3 Wochen.

Löblicher Verwaltungsausschuss!

Der mir vom Herrn Oberinspektor gewährte dreiwöchige Urlaub nähert sich seinem Ende. Mein allgemeiner Gesundheitszustand hat sich an der frischen Luft gebessert, die Haupterscheinungen meiner Krankheit dauern jedoch weiterhin an. Dieses Ergebnis entspricht auch dem Zeugnis des Herrn Anstaltsarztes, der bemerkte, daß für diese Krankheit wenigstens

ein dreimonatiger Landaufenthalt nötig sei. Ich bitte daher ergebenst um die Verlängerung meines Urlaubs. […]
6. Feber 1919

Wieder nur ein paar Wochen. Am 1. März:

Löblicher Verwaltungsausschuss!
Der mir vom löblichen Vorstand freundlicherweise gewährte
Urlaub endet am 11. dieses Monats. Nach dem Zeugnis des
mich hier behandelnden Arztes wäre jedoch zu meiner voll-
ständigen Genesung eine Urlaubsverlängerung bis Ende März
erforderlich. Ich sehe mich daher genötigt, den löblichen Verwaltungsausschuss abermals hochachtungsvoll um eine Urlaubsverlängerung zu ersuchen.
    Das ärztliche Zeugnis füge ich bei. […]

An die löbliche
Verwaltungskommission
der Arbeiter-Unfall-Versicherungs-Anstalt
für Böhmen
in Prag,

Laut ärztlichem Zeugnis benötige ich einen längeren Erholungsurlaub, insbesondere jetzt im zeitigen Frühjahr. Ich bitte
daher höflich, so liebenswürdig zu sein, und mir einen Urlaub
von 6–8 Wochen zu gewähren.
Prag, den 26. Feber 1920
Dr. František Kafka

Löbliche

Direktion

Der Arbeiter-Unfall-Versicherungs-Anstalt!

Auf Beschluß des Verwaltungsausschusses wurde mir ein 8wö-
chiger ausserordentlicher Urlaub gütigst gewährt, der am 29.
Mai ausläuft. Des weiteren steht mir ein 5wöchiger regulärer
Urlaub zu. Laut ärztlichem Zeugnis würde es meine Heilung
beträchtlich fördern, wenn ich diese Urlaube miteinander ver-
binden könnte. Ich ersuche daher die löbliche Direktion ergebenst, mir dies gütig zu gewähren; den Dienst würde ich dann
am 3. Juli wieder antreten.

4. Mai 192o

Dr. F. Kafka

Meran-Untermais

Pension Ottoburg

*Kafka trat den Dienst am 5. Juli wieder an. Mitte des Monats schrieb
er an Milena Jésenska: ich* heiße tajemník [*Sekretär*]*, weil es sehr*
Tajemné [*geheimnisvoll*] *ist, was ich hier seit 3 Wochen arbeite.*

Kurz zuvor hatte es ein Schreckerlebnis gegeben:

Ich fahre auf. Das Telephon! Zum Direktor! das erstemal
seitdem ich in Prag bin, in Dienstsachen hinuntergerufen!
Jetzt kommt endlich der ganze Schwindel heraus. Seit 18 Tagen nichts gemacht, als Briefe geschrieben, Briefe gelesen, vor
allem aus dem Fenster geschaut, Briefe in der Hand gehalten,
hingelegt, wieder aufgenommen, dann auch Besuche gehabt
und sonst nichts. Aber als ich hinunterkomme, ist er freundlich, lächelt, erzählt etwas Amtliches, das ich nicht verstehe,
nimmt Abschied, weil er auf Urlaub geht, ein unbegreiflich guter Mensch […] [*an Milena, 21. Juli 1920*]

Obwohl er sich als Schwindler im Amt fühlte … – es gab Regeln,

die Kafka im Verhältnis zur Arbeiter-Unfallversicherung brauchte
und die er nicht brechen würde. Am 31. Juli an Milena Jésenska:

Ich konnte nicht kommen, weil ich im Amt nicht lügen
kann. Ich kann auch im Amt lügen, aber nur aus 2 Gründen,
aus Angst (das ist so eine Bureauangelegenheit, gehört dorthin,
da lüge ich unvorbereitet, auswendig, inspiriert) oder aus letzter Not. [...] Not ist etwas, was gegenüber dem Bureau bestehen kann, dann fahre ich entweder mit oder ohne Erlaubnis.
Aber in allen Fällen, wo unter den Gründen, die ich für das Lügen hätte, das Glück, die Not des Glücks der Hauptgrund ist,
kann ich nicht lügen, kann es nicht, so wie ich nicht 20kg-Han-
teln stemmen kann. [...] Bedenke doch, Milena, das Bureau ist
doch nicht irgendeine beliebige dumme Einrichtung (die ist es
auch und überreichlich, aber davon ist hier nicht die Rede, übrigens ist es mehr phantastisch als dumm) sondern es ist mein
bisheriges Leben, ich kann mich davon losreißen, gewiß, und
das wäre vielleicht gar nicht schlecht, aber bis jetzt ist es eben
mein Leben, ich kann damit lumpig umgehn, weniger arbeiten
als irgendjemand (tue ich) die Arbeit verhudeln (tue ich) mich
trotzdem wichtig machen (tue ich) die liebenswürdigste Behandlung, die im Bureau denkbar ist, als mir gebührend ruhig
hinnehmen, aber lügen, um plötzlich als freier Mensch, der ich
doch nur angestellter Beamter bin, dorthin zu fahren, wohin
mich »nichts anderes« treibt als der selbstverständliche Schlag
des Herzens, nun ich kann also nicht so lügen.

Der nächste amtliche Brief ist ein halbamtlicher, kommt aus ei-
nem Sanatorium in der Tatra und ist an den Direktor, den unbegreiflich guten Menschen, *gerichtet, dem Kafka im Januar 1921,*
nach fünfwöchiger Kur einen Gesundheitsbericht erstattet. Wieder
war es die Krankheit, die eine – diesmal die letzte Entscheidung ge-
fällt hatte. Zwischen 1921 und 1923 schrieb Kafka 10 kurze, förmli-

che Briefe an den Löblichen Vorstand *oder den Direktor, in denen er* höflichst *die Verlängerung seines Gesundheitsurlaubs beantragte oder um seine Versetzung in den Ruhestand bat – am 1. Juli 1923, ein knappes Jahr vor seinem Tod, wurde er pensioniert. Fast scheint es mir, als ob die Bindung an das Amt nun wirklich warm und innig geworden wäre; nichts Gespenstisches, nichts Geheimnishaftes mehr, nachdem die Aktenberge, Inbegriff der entfremdeten Arbeit, endgültig von der unheilbaren Brust genommen sind und die Anstalt sich – aus der räumlichen und zeitlichen Entfernung – am Schluss des verlorenen Papierkrieges – als gütige Versorgungsinstanz zeigt.*

Verehrter Herr Direktor!

Ich erlaube mir mitzuteilen, daß ich gern einige Zeit in Steglitz bei Berlin bleiben möchte, und bitte, diesen Umstand folgendermaßen kurz erklären zu dürfen:

Der Zustand meines Lungenleidens war im Herbst und im Winter vergangenen Jahres nicht gut und wurde noch durch schmerzhafte Magen- und Darmkrämpfe ziemlich unklaren Ursprungs, die sich damals mehrere Mal in voller Stärke einstellten, verschlechtert. Das Lungenfieber und die Krämpfe waren die Ursache dafür, daß ich einige Monate lang das Bett fast nicht verlassen habe.

Seit dem Frühjahr haben sich diese meine Beschwerden gebessert, wurden aber von vollständiger Schlaflosigkeit abgelöst, einer Krankheit, an der ich, als an einer Begleiterscheinung meines Lungenleidens, zwar schon Jahre hindurch gelitten habe, aber doch nur zeitweise und niemals absolut, immer nur aus bestimmten Anlässen, dieses Mal aber ohne sie und anhaltend; die Schlafmittel haben fast nichts geholfen. Dieser Zustand, der fast an Unerträglichkeit grenzte, hat einige Monate lang angedauert und dazu noch die Lungen verschlechtert.

Im Sommer bin ich mit Hilfe meiner Schwester – allein war ich weder zu irgendwelchen Entschlüssen noch Unternehmungen fähig – nach Müritz an die Ostsee gefahren; meine Krankheit hat sich dort zwar im wesentlichen nicht gebessert, es hat sich mir aber die Möglichkeit geboten, für den Herbst nach Steglitz zu fahren, wo sich Freunde etwas um mich kümmern wollten, was freilich unter den Berliner Verhältnissen, die schon damals schwierig waren, eine unumgängliche Voraussetzung für meine Reise war, denn mit Rücksicht auf meinen Gesundheitszustand könnte ich in einer fremden Stadt überhaupt nicht allein leben.

Nützlich erschien mir ein zeitweiliger Aufenthalt in Steglitz unter anderem aus folgenden Gründen:

1. Von einem völligen Wechsel der Umgebung und allen seinen Folgen versprach ich mir einen günstigen Einfluß hauptsächlich auf meine Nervenkrankheit. An das Lungenleiden habe ich erst in zweiter Linie gedacht, weil es in meinem Zustand notwendiger war, sofort etwas für meine Nerven zu unternehmen.

2. Es stellte sich aber heraus, daß die Ortswahl zufällig [...] auch für mein Lungenleiden nicht ungünstig war. Steglitz ist ein halb ländlicher Vorort Berlins, der einer Gartenstadt gleicht. Ich wohne in einer kleinen Villa mit Garten; ein halbstündiger Weg führt durch die Gärten zum Walde, der Botanische Garten ist 10 Minuten entfernt, andere Anlagen sind ebenfalls in der Nähe, und von meinem Wohnsitz führt jeder Weg durch Gärten.

3. Ebenfalls etwas richtungweisend für meinen Entschluß war schließlich die Hoffnung, daß ich in Deutschland mit meiner Pension leichter auskommen werde als in Prag. Diese Erwartung erfüllt sich freilich nicht. In den vergangenen zwei

Jahren wäre das sicher so gewesen, aber gerade jetzt im Herbst hat die Teuerung hier die Weltpreise erreicht und vielfach bedeutend überschritten, so daß ich mühsam auskommen kann, und das auch nur, weil mich die Freunde beraten und weil ich bisher keine ärztliche Behandlung in Anspruch genommen habe.

Insgesamt kann ich die Nachricht geben, daß sich der Aufenthalt in Steglitz bisher günstig auf meinen Gesundheitszustand auswirkt. Ich möchte deshalb sehr gern hier noch einige Zeit bleiben, freilich unter der Voraussetzung, daß mich die Teuerungsverhältnisse nicht vorzeitig zur Rückkehr zwingen.

Ich bitte höflich, verehrter Herr Direktor, um die Zustimmung der Anstalt zu meinem hiesigen Aufenthalt und erlaube mir die weitere Bitte hinzuzufügen, meine Pensionsbezüge weiterhin an die Adresse meiner Eltern zu überweisen.

Zur Erklärung der zweiten Bitte möchte ich bemerken, daß jede andere Art von Überweisung mich finanziell schädigen würde, und bei der Bescheidenheit meiner Mittel wäre der geringste Geldverlust sehr spürbar für mich. Schaden würde ich bei einer anderen Art der Überweisung deshalb erleiden, weil sie entweder in Mark (dann würde ich den Kursverlust und die Auslagen tragen) oder in tschechischen Kronen (dann würden mich noch größere Auslagen treffen) durchgeführt würde, während sich meinen Eltern immer irgendeine Möglichkeit bieten wird, mir das Geld kostenlos und gelegentlich gleich für zwei Monate mit irgendeinem Bekannten zu schicken, der nach Deutschland kommt. Bei der Überweisung des Geldes an meine Eltern fallen natürlich nicht eventuell erforderliche Lebensbescheinigungen weg, über deren Form und zeitliche Termine ich höflich um Information bitte und die ich von hier direkt an die Anstalt senden würde.

Indem ich, verehrter Herr Direktor, Sie erneut höflich
bitte, mein heutiges Ersuchen, das für mich von nicht ge-
ringer Wichtigkeit ist, günstig zu beurteilen, grüße ich Sie
herzlich und zeichne mit dem Ausdruck tiefer Ehrfurcht
Berlin-Steglitz, 20. Dezember 23
Dr. F. Kafka
Berlin-Steglitz
Grunewaldstraße 13
bei Hr. Seifert

Kafka hatte sich das Ende des Landvermessers K. so gedacht: Um
sein Sterbebett versammelt sich die Gemeinde, und vom Schloß
langt eben die Entscheidung herab, daß zwar ein Rechtsan-
spruch K.s, im Dorfe zu wohnen, nicht bestand – daß man ihm
aber doch mit Rücksicht auf gewisse Nebenumstände gestatte,
hier zu leben und zu arbeiten.

»Acht Kinder, die doch halbwegs erzogen und unterrichtet sein sollen«
MATTHIAS CLAUDIUS (1740–1815)

An den Kronprinzen von Dänemark

Wandsbeck den 19. October 1787

Durchlauchtigster Gnädiger Prinz,
ich habe mich bisher meiner Hände Arbeit genährt und mich nicht übel dabei befunden; aber acht Kinder, die doch halbwege erzogen und unterrichtet sein sollen, fangen an, mir meine Zeit zu nehmen und mir meine itzige Lebensart etwas beschwerlich zu machen. Ew. Königliche Hoheit haben ungebeten mich auf eine solche Art zu bemerken geruhet, daß ich, wenn ich etwas zu bitten habe, mich zuerst an Sie wenden würde, und wenn Sie auch nicht unser Kronprinz wären. Ich wünschte irgend eine Stelle in des Königs Lande und, wenn es sein könnte, im lieben Holstein. Gnädiger Prinz, ich bitte nicht um eine sehr einträgliche Stelle, sondern nur um eine, die mich nährt, und um so eine bitte ich mit aller Unbefangenheit eines Mannes, der Willens ist, das Brot, das ihm der König gibt, zu ver-dienen.

Wenn es mir auch erlaubt sein würde, wo wüßte ich nicht zu sagen, wozu ich eigentlich geschickt bin, und ich muß Ew. Königl. Hoheit untertänig bitten, daß Sie gnädigst geruhen, ein Macht-wort zu sprechen und zu befehlen, wozu ich geschickt sein soll.

Ich ersterbe mit den Gesinnungen eines getreuen Untertan
Ew. Königl. Hoheit
untertäniger Matthias Claudius

»Wenn meine Buchstaben schreien könnten«

CHRISTIAN DIETRICH GRABBE (1801–1836)

Meine Damen und Herren! Grabbe: Das heißt: sich maßlos besaufen. Weil man's nicht ändern kann. Weil nichts zu machen ist. Weil alles umsonst ist. Grabbe: Das heißt: Vorschriften gibt es nicht. Regeln gibt es nicht. Gesetze gibt es nicht. Schule gibt es nicht. Wenn es sie aber doch gibt, dann ist das so was gottsjämmerliches, daß man sich in eine Ecke legen muß und besaupfen, restlos besaupfen.

Hugo Ball war begeistert, als er 1915 die Rezension zu »Scherz, Satire, Ironie und tiefere Bedeutung« schrieb. Und da war er nicht der Einzige.

Viele nannten mich genial, ich weiß indes nur, daß ich wenigstens ein Kennzeichen des Genies besitze, den Hunger. *So sah es Grabbe.*

Weil alles umsonst ist.

Auch der Brief, den der Zweiundzwanzigjährige nach Dresden an Ludwig Tieck schrieb, der zu dieser Zeit der »König der Romantik« war, nebenbei übrigens war Tieck unbestritten der »König der Schnorrer«, wenn vielleicht auch nicht mehr 1823 in der Hochform, für die ihn seine Gläubiger fünfzehn Jahre zuvor zum Teufel gewünscht hatten. (Die Tiecks sind Blaudünstler, *schrieb Bettina Brentano an Friedrich Karl von Savigny,* ich empfehle sie mitsamt ihrer Betrügerei unserm Herrgott; *oder:* Dieser Mensch läßt sich's viel wohler sein als irgendein vermögender Mann und denkt nicht ans Bezahlen, sondern nur ans Verleumden seiner Schuldner.)

Leipzig, 8. März 1823

Hoch verehrter Herr!

Nahe am Untergange blicke ich noch einmal auf der Erde um-
her und sehe keinen, keinen als Sie, zu dem ich mich wenden
möchte; ich flehe um nichts, als diesen Brief zu lesen.

Ich bin in Lippe-Detmold von armen Eltern geboren; sie
waren töricht genug, mich auf das Gymnasium zu schicken
und dadurch meiner Seele Gelegenheit zum Erwachen zu geben; ich machte bald in den Wissenschaften bedeutende Fort-
schritte und überflügelte vielleicht manche meiner Lehrer
[…] Mein damaliger Vorsatz, zu dem mich mehrere Verbin-
dungen in Hannover ermunterten, war, Reisender in Diensten
der Londoner wissenschaftlichen Sozietät zu werden, und ich
brachte es wirklich in der mathematischen und physischen
Geographie, Astronomie und Naturgeschichte so weit, daß
ich mich noch jetzt stehenden Fußes einem Examen glaube
unterwerfen zu können. Mittlerweile wurde aber der lippische
Oberarchivar mit mir bekannt; er fand, daß ich mir nebenbei
eine mehr als gewöhnliche Kenntnis der Geschichte erworben
hatte, und machte mir Hoffnung, dereinst sein Adjunkt zu werden. Bei dieser Aussicht auf die einzige Versorgung, welche im
Vaterlande für mich paßte, ließ ich alle übrigen Pläne fahren
und widmete mich bloß antiquarischen, historischen und po-
litischen Studien. Daß ich während der Zeit alttestamentari-
sche Exegese getrieben habe und daß mir ein Stipendium von
vierhundert Talern angeboten wurde, wenn ich Theolog werden wollte, lautet sonderbar, ich vermag es indes gleichfalls zu
beweisen. – Nun wird gewiß jeder, dessen Inneres sich so ge-
waltsam und verschiedenartig entwickelt hat, wenigstens nicht
unnatürlich finden, daß mitunter auch einige äußerliche, etwas
heftige Ausbrüche des jugendlichen Mutes zum Vorschein ka-

men; meine etwas kleinstädtischen Landsleute mochten oder wollten dies jedoch nicht begreifen, sie beurteilten mich nach ihrer engherzigen Kritik, und ich merkte, daß es um meine Laufbahn im Lippischen getan sei. Vielleicht ist es gut, daß sich alles so gewendet hat, denn daß ich in einem Lande wie meiner Heimat zu dem erbärmlichsten Brotgelehrten hätte versauern müssen, leidet wohl keinen Zweifel; auch flüchtete ich mich in jener Zeit, wo mich die Menschen meiner Umgebung verließen, zum ersten Mal in das heitere Reich der Kunst und suchte mir Trost und Hoffnung daraus zu holen. Um aber, da es zu spät war, wieder Schuster oder Schneider zu werden, eine Karriere einzuschlagen, welche mir eine ziemlich sichere Aussicht auf Beförderung darbot, entschloß ich mich, die Jurisprudenz zu studieren und mich dann in Preußen examinieren zu lassen. Als ich mich nun nach zweijährigem Besuche der Leipziger Universität, welcher meinen unglücklichen Eltern den letzten Heller gekostet hate, zur Prüfung in Berlin melden wollte, suchte ich mir das nötige Geld durch Schriftstellerei zu verschaffen, und ich verfertigte das von Ihnen so gütig aufgenommene Trauerspiel [»*Herzog Theodor von Gothland*«]. Aber kein Verleger wagte sich damit zu befassen, obgleich es mir in Berlin eine Menge Freunde zuzog, von deren Unterstützung ich daselbst dreiviertel Jahr gelebt habe. Ich dachte, daß es mir mit einem Lustspiele vielleicht besser glücken würde, und ich vollendete daher das Ihnen übersandte Stück; es hat auch in einer Gesellschaft, in welcher es damals vorgelesen wurde, beinahe Furore gemacht; ich war indes zu scheu geworden, es einem Verleger anzubieten, und da ich grade zu derselben Zeit den aussichtsvollen Brief von Ihnen erhielt, so überschickte ich es Ihnen und entschloß mich, Ihr Urteil abzuwarten. Mittlerweile rückten mir aber die Not und der Mangel immer näher, und ohngeachtet ich unter mehreren mir kurz vorher noch wildfremden Menschen so viel Liebe fand, daß ich sie um mich weinen sah, so mochte ich doch nicht länger von ihrer Gnade leben, und ich suchte in ein selbständiges Verhältnis zu kommen. Ich erinnerte mich des Talents, welches von jeher als mein größtes angesehen worden war, und meldete mich bei der Berliner Bühne zum Schauspieler. Aber ohngeachtet alle meine Bekannten für mich sprachen, ohngeachtet ich verlangte, daß man mich nur aus der Türe werfen möchte, wenn ich in irgendeiner Probe nicht bestände, so konnte ich es auch nicht einmal dahin bringen, daß ich zu einer mündlichen Unterredung vorgelassen wurde. Nun galt es das letzte, ich verließ vor acht Tagen Berlin und reiste nach Leipzig, um an dem hiesigen Theater mein Glück zu versuchen. Da sitze ich nun seit vorgestern und weiß nicht, ob ich zu dem Dr. Küstner hingehen soll oder nicht; ich kenne hier keinen einzigen Schauspieler, falle allen in ihre Rollen, kann leicht ihren Neid erregen, und es wäre mit mir zu Ende, wenn mir ihre Intrigen auch diese Hoffnungen abschneiden sollten; Geld, Kleider, selbst beinah Papier und Tinte sind mir ausgegangen, und wenn ich mich vorstellen lassen will, so muß ich gewärtigen, daß mir wegen meines schlechten Rockes die Tür gewiesen wird. Wenn meine Buchstaben schreien könnten, so würden Ew. Wohlgeboren mir gewiß vor Mitleid bald antworten; ich rufe Sie bei allen Heiligen an, mir einige kurze Stunden zu widmen und mein Lustspiel [»*Scherz, Satire, Ironie und tiefere Bedeutung*«] zu lesen und mir, wenn es irgend möglich ist, in zwei Tagen darauf zu antworten; es ist keine Frechheit, daß ich Sie hierum bitte, es ist Verzweiflung; vielleicht kann ich das Lustspiel, wovon Sie das einzige Manuskript besitzen, mit Hilfe Ihres Briefes, der deshalb wahrlich nicht günstig zu sein braucht, da ein Brief von Tieck schon an

und für sich genug ist, an einen Buchhändler verkaufen; auch versichere ich Ihnen nochmals auf meine Ehre und fordere Sie auf, mich zu verlassen, wenn Sie es anders finden sollten, daß ich ein höchst bedeutendes Talent zum Schauspieler besitze, und ersuche Sie, mir gütigst mitzuteilen, wenn sich vielleicht in Dresden eine Aussicht für mich eröffnen sollte, – o verstoßen Sie mich nicht! Wer weiß, wo ich in acht Tagen bin, wenn ich keine Antwort von Ihnen erhalten sollte! Nur eine kurze Antwort! Sie werden es nicht bereuen, mich beschützt zu haben, denn ich habe noch nie Feinde, sondern höchstens Neider gehabt. Verzeihung, Verzeihung, wenn ich zu kühn gewesen bin! –
Stets
Euer Wohlgeboren
gehorsamster Grabbe

Um dieselbe Zeit wie dieser große Bittbrief datiert ein anderer, von dem nur noch ein kleines Fragment erhalten ist. Nach seinem Umzug von Berlin nach Dresden war der »stud. jur.«, angehende Dichter, Möchtegern-Schauspieler (daraus wurde nichts) und spätere »Auditeur« (Vernehmungsrichter) Christian Dietrich Grabbe in Verlegenheit:

Grabbe an seine Eltern

[April 1823]

…, wenn nur die façon gut ist; meine jetzigen Röcke kann ich nicht in vornehmen Gesellschaften gebrauchen und der Frack ist so schlecht, daß ich ihn verkaufen sollte; hier käme die ganze Geschichte zu theuer, aber das Geld will ich Euch in wenigen Wochen ersetzen.

Die Antwort des Vaters – postwendend – ist von solch unbeholfener Schönheit, dass ich sie, nur wenig gekürzt, hierher setzen möchte:

Adolph Heinrich Grabbe an seinen Sohn

Detmold den 25ten April 1823

Lieber Christian!!!

Deinen Brief vom 10ten datirt, aber den 14ten Apr. zur Post haben wir den 21ten d. richtig zu unserer Freude daß Du gesund bist aus Deinem neuen Wohnort richtig erhalten. Wir sind noch gesund und wünschen dieses immer von Dir zu hören. Anbei erfolgt ein dunkelblauer Frack, schwarze lange Hose und eine schwarze Weste Deinem Verlangen gemäß. Auch erfolgen noch anbei 4 Pistolen, denn eine neue Ansiedelung kostet immer etwas mehr. / : Die vorigen sechs u. diese vier Pistolen habe ich vorerst geborgt, denn unser Garten ist noch frei, aber denn habe ich zur Caution machen müßen, und kann daher nichts ingroßirt werden diese Stelle lese ich aber der Mutter nicht vor u. Du brauchst in Deiner Antwort nichts davon zu erwähnen :/ Die Mutter läßt fragen wie es mit Deiner Wäsche stünde, und Deinen andern Sachen. Hast Du Deine Sachen auch alle von Berlin mitgenommen, oder wie hast Du dieses angefangen.

Hier in Detmold weis ein jeder daß Du in Dresden bist. Der junge Rose hat aus Leipzig an seinem Vater hiher alles geschrieben und der alte Canzleidirector Rose hat mich holen lassen und den Brief von seinem Sohn vorgelesen, und sagt darinn Du wärest angestellt beim Königl. Theater als Resigeur, sagt ferner: Grabbe hat auf meine Bitte einige Scenen aus seinen Drama vorgelesen, die mich in Verwunderung gesetzt haben, und Du hättest Dich so gefreut daß Du in das 2te Rom versetzt wurdest. Der Schluß ist: glaub Vater Tiek hat väterlich für Grabbe

gesorgt. Der alte Rose billiget gänzlich Dein Vorhaben [*ans The-*
ater zu gehen, statt die Juristenlaufbahn einzuschlagen] und sagte
zu mich: wenn mir jemand etwas darüber sagen würde, sollte
ich ihn man zu ihm weisen, denn als Advokat wäre hier nicht
Viel auszurichten, obschon er Dir alles zutrauete, was dazu gehört denn Du wärst kein Renkenmacher, pp der den Bauern zu
ungerechten Processen p verleitete. Du wärest ein junger Dichter. Der RegierungsPedell E. begegnet mir u. sagte ihm wäre gesagt Du stündest Dich so gut wie hier ein Regierungsrath. Stein
ist auch wieder hier und bleibt diesen Sommer zu Hause. […]
Auch der sagt, wie er in Leipzig gehört hatte, er wollte wünschen, daß er so gut wie Du versorgt wäre: den Du wärest Tact-
fest. […] Wie sieht es aus mit Deinen beiden Stücken, werden
sie auch zum Drucke befördert? Deine Mutter läßt bitten, daß,
wenn es diesen Sommer nicht gienge, Du doch den künftigen
Sommer zu Hause kommen möchtest, wenn es Deine Umstände erlaubten. Glaub lieber Christian wir sind zufrieden,
wenn wir nur hören daß Du gesund bist und Dein Auskommen
hast. Wenn Du auch schreibst Du wärest Schauspieler und Du
hast davon Dein Auskommen, so sind wir es auch zufrieden.
Der berühmte Ifland war Schauspieler u. Dichter zugleich u.
wird nicht in der Nachwelt vergessen. Nach den Zeitungen
ist der König von Bayern in Dresden, da muß es brilliant sein.
Hast Du auch schon bekannte in Dresden? Wie heißen Deine
Wirthsleute? Und wie machst Du es mit dem Essen.

Sind Deine Hemden auch noch alle gut, oder muß sich die
Mutter in der Folge um andere bekümmern? Hast Du Deine
Bücher p auch alle von Berlin mitgenommen? Du möchtest
Dich ja rein halten, um, wenn Du in Gesellschaften wärest, kei-
nen üblen Gerug zu haben, wenn Du auch wöchentlich 2mal
ein reines Hemd anziehen solltest. Und nun noch eine Bitte

Christian, Du hast sie schon von Berlin aus versprochen, die besteht darinn: daß Du Dich **mahlen** läßt, was es kostet soll vergütet werden.

Deine Mutter ist so vergnügt, wenn sie sieht, daß ich Dir Pistolen einmache, dieses glaubst Du nicht. Ich weis eigentlich nichts mehr neues zu schreiben, als vergiß nicht das Schreiben, und muß bestimmt wie sonst alle 4 Wochen geschehen, wenn es länger dauert, denn weis sich Deine Mutter nicht zu helfen und schreib einen langen Brief und schreib Deine ganze Lage, wie es Dir an Deinem neuen Wohnort geht, denn Du sprichst mit Deinen Eltern, denn nichts zu verhehlen brauchst, und besonders schone Deine Gesundheit. Christian! ich schließe, leb wohl, sei vergnügt, schreib fleißig und denke oft an Deine Dichliebenden Eltern. Der Werkmstr. liegt in den letzten Zügen. Deine Mutter ist heiter, wenn sie nur hört, daß Du gesund bist

Leb wohl!!!!

Grabbe.

100 Grüße von der Mutter beim Zumachen!

Ein Vierteljahr später ist Sommer, und Grabbe sollte eigentlich längst in Detmold bei seinen Dichliebenden *Eltern sein. Da ist er aber in Leipzig versackt, und jetzt geht ihm das Geld aus.*

Leipzig, 26. Juli 1823

Liebe Eltern!

Ich habe einen dummen Streich gemacht; ich versprach Euch vor sieben Wochen Euch zu besuchen und erhielt auch wirklich von dem königl. Theater 40 rthlr Reisegeld, um in Leipzig, Berlin und Braunschweig Buchhändler-Geschäfte für mich und Tieck abzumachen und bin nun sechs Wochen beinahe ununterbrochen in Leipzig liegen geblieben. Dazu verleitete mich theils ein gewisser Buchhändler Hartmann, theils eine allzugroße Anhänglichkeit an Leipzig, theils der Rath Blümmer, welcher mich des Abends zu sich einlud, auch die Gesellschaft meiner frühern Bekannten etc war Mitursache davon. Ihr könnt denken, daß ich von meinen 40 rthlrn. noch einige Taler übrig habe, aber nichtsdestoweniger reicht es nicht hin, um hier das Logis und alles gehörig zu bezahlen, noch viel weniger um Euch zu besuchen, was ich doch so gern möchte, da ich es kann, weil ich bis in den September tief hinein, wo erst meine Gönner in Dresden aus dem Bade zurückkommen, ganz frei habe. Zwar könnte ich hier bei meinem Wirthe, meinen Landsleuten, meinen Bekannten und Andren borgen, aber das mag ich nimmermehr thun, und wenn ich nach Dresden schreiben wollte, so würden die Leute daselbst, sich gewaltig ärgern, daß ich stets in Leipzig geblieben bin. Demnach bitte ich Euch mir ohngefähr 5 Louisd'or zu schicken oder auch mir zu **leihen**, wenn ich das sagen darf; ich würde nur 3 Stück fordern, aber da ich jetzt bis auf die Zurückunft Eures Briefes wenigstens 10 Tage warten muß, so ersuche ich Euch um zwei mehr. Dann will ich auch sofort von Leipzig abreisen, mich in Braunschweig nur ganz kurz, vielleicht nur einige Stunden, oder ½ Stunde aufhalten, und Euch in die langentbehrten Arme stürzen. Verzeihet meinen Fehler, ich bin noch zu jung. [...]

So jung er ist – zweiundzwanzig –: Grabbe hat doch schon einen Namen als Dramatiker; er hat den monströsen »Herzog Theodor von Gothland« geschrieben, einen brutalen Trümmer von Theaterstück, der von den einen als verrücktes Geschreibsel bezeichnet wird – Sie irren sich, soll jedoch Heinrich Heine gesagt haben, als ihm dieser Kommentar zu Ohren gekommen war, der Mensch ist nicht ver-

rückt, sondern ein Genie. *Auch »Scherz, Satire, Ironie und tiefere Bedeutung« – ebenso wenig gespielt wie alle anderen Dramen Grabbes – hat schon Bewunderer und sucht seinen Verleger; an Ruhm und Anerkennung fehlt es Grabbe beileibe nicht. Und die müssen es wohl gewesen sein, die ihn aus dem Takt gebracht haben: Drei Jahre später hat er Respekt,* Geld, kurze Bataille, das an Abentheurerei grenzende Leben eines Schriftstellers satt bekommen, die Intriguen der Theaterwelt eingesehen, *ist wieder nach Detmold heimgegangen, hat zunächst ein paar Monate ziemlich wild gelebt und seinen Ruf ruiniert, bis ihn auch das zu langweilen begann und er plötzlich überraschend sein Examen als Jurist machte. Doch auch das half nicht gegen Überdruss, Depression, Melancholie.* Ich stehe erträglich und verdiene auch erträglich – aber ich bin nicht glücklich, werde es auch wohl nie wieder. Ich glaube, hoffe, wünsche, liebe, achte, hasse nichts […] ich bin mir selbst so gleichgültig, wie es mir ein Dritter ist; ich lese tausend Bücher, aber keines zieht mich an; Ruhm und Ehre sind Sterne, derenthalben ich nicht einmal aufblicke; ich bin überzeugt alles zu können, was ich will, aber auch der Wille erscheint mir so erbärmlich, daß ich ihn nicht bemühe; […] Meine jahrelange Operation, den Verstand als Scheidewasser auf mein Gefühl zu gießen, scheint ihrem Ende zu nahen: der Verstand ist ausgegossen und das Gefühl zertrümmert. *Und ist gerade sechsundzwanzig. Endgültig riss der Faden sieben Jahre später. So lange hatte Grabbe einigermaßen sein Auskommen durch seine juristische und schriftstellerische Tätigkeit. 1833 jedoch tat er eine fatale Fehlheirat. Schon ein paar Wochen später schwante ihm Übles:* Ach Lucie,/Vor der Eh'/Da waren schöne Träume –/Nun blüh'n die Bäume./ Denkst Geld,/ Mein Herz ist eine Welt,/Woraus es ist zu pressen,/Durch dich verdirbt das Essen./ […] *Die Ehe mit der zehn Jahre älteren, wohlhabenden Louise Christiane Clostermeyer brachte ihn buchstäblich um den Verstand. Allerdings muss dabei auch* Thee mit Rum, *beziehungsweise Letzterer eine erhebliche Rolle gespielt haben. Im Lexikon heißt das: Der Verfall des Dichters. Grabbe kam mit seiner Arbeit nicht mehr klar, er schrieb auch nicht mehr, er lag mit seiner despotischen Frau in einem bis zur Albernheit grotesken Dauer-Clinch, vorwiegend darum, wer der Herr im Hause sei, und Anfang 1834 war er so weit, dass er nicht mehr ein noch aus wusste. Ende Januar schrieb er an den Fürsten Leopold, seinen Dienstherrn.*

Durchlauchtigster Fürst!

Gnädigster Fürst und Herr!

Dieses Blatt leg' ich unmittelbar an das Herz Ewr Hochfürstlichen Durchlaucht, und wage das so eher als ich Beweise früherer Gnade besitze.

Der Auditeur ist ein ehrenvoller Posten, aber seit dem Marsch nach Luxemburg sind seine Geschäfte überschwänglich. Meine Dichtungen, die dem Lande und mir nicht zur Unehre gereichen, die überall fest für die rechtmäßigen Fürsten glühen, […]mit denen ich nützlicher wirken kann, als mit dem größten Geschäftsfleiß, habe ich seitdem **aufgeben** müssen. Und es treibt mich ein innerer Drang doch so sehr immer wieder nach den geistigen Gebirgen, wo die Quellen der Poesie rinnen.

Diese Dichterarbeiten brachten mir jährlich 800 rthlr. ein, die Advocatur, welche ich ebenfalls meist aufgeben mußte, 500 rthlr. Die Stelle des Auditeurs bringt mir dagegen nur 216 rthlr. ed. M. […] Nun ist mein Vater todt, meine Mutter, die zwar eine gnädigst bewilligte Pension von 40 rthlrn. besitzt, erhält von mir monatlich resp. 6–10 rthl. indem sie wegen ihres Alters deren bedarf, meine Frau erhielt früher meine gesamte Gage, aber seit Anfang dieses Jahres, wo mir alles Nebenverdienst abgeht, kann ich das nicht mehr geben, und sie muß sich einstweilen mit den Zinsen ihrer in die Ehe gebrachten Capitalien begnügen.

Deshalb Durchlauchtigster Fürst! bitte ich, kühn im Vertrauen auf ein fürstlich schlagendes Herz, retten Sie einen Dichter, der in Geschäfts- und Familiensorgen unterzugehen Gefahr läuft. Schon mehrmals ist in Zeitungen die Gnade anerkannt worden, mit welcher Höchstdieselben mich zum Auditeur beriefen. Aber wirkt es für Enkel- und Enkelskinder nicht besser, wenn ich ihnen ewige Monumente hinsetze, statt mich Tag für Tag in Kleinigkeiten (zum Beispiel Schuldforderungen um 6 mgr.) und beengenden Verhältnissen (von denen ich nur sagen darf: ich bin besser als der Ruf) hinquälen zu müssen?

Durchlauchtigster Fürst: ich bitte um Erlaubniß, daß meine jetzt schon fertigen und meine künftigen Werke Höchstihren Namen in der Widmung vorantragen dürfen, und mir dabei zu gestatten, hier oder an den Ufern des Main oder des Rhein zu wohnen, und damit ich nicht von den Kauf- und Verkauf-Ideen einiger Buchhändler abhänge, auch sicher meine Mutter unterstützen kann, mir unter Bedingung, jährlich über meine Bestrebungen Rechenschaft abzulegen, einige 100 rthlr. jährlich zu bewilligen.

Goethe, Schiller, Jean Paul fanden gleiche Beschützer, und wurden durch sie vor den Stürmen des Lebens und der Geschäfte geschützt. Sie wären ohne solchen Schutz sicher verkrüppelt, und Deutschland dazu, denn ohne diese Heroen (welchen ich mich nicht gleichstellen, aber nähern will) hätte Deutschland nie die geistige Einheit gefunden, welche jetzt alle Umtriebe von außen wie Spinnwebe zerreißt. Der Landmann wie der Rath sieht zuletzt doch nur auf seinen Fürsten. Er ist es, an den alles sich kettet. Darum, Durchlauchtigster Fürst, bitte ich um eine kleine directe Antwort auf diesen wagnißvollen Brief. Möchte sie günstig seyn! Und daß ich meinem Nachfolger die Auditeursachen in möglichster Ordnung überliefern werde (sollte ich auch ¼ Jahr daran arbeiten, denn sie sind sehr verwickelt) versprech ich.

Der beliebte Trick, sich durch Widmung der Werke einen fürstlichen Mäzen zu erwerben, kann bei Grabbe nicht klappen, weil eben dieser Fürst sein Arbeitgeber ohnedies ist. Der Regierungspräsident Eschenburg rät dem Fürsten Leopold zwar nicht ausdrücklich ab, doch scheint ihm Grabbes Bitte aus der gereizten und krankhaften Stimmung hervorgegangen zu seyn, in welcher sich derselbe jetzt befinden soll. *Allerdings ist man durchaus generös: Nach einigem Hin und Her, diversen Gesprächen sowie einem pathetischen Abschiedsgesuch Grabbes* (Mein Herz ist Blut), *für das man seinen gemütskranken Zustand verantwortlich macht, kommt es zu einer bezahlten Beurlaubung von sechs Monaten, nach Ablauf dieser Frist wurde die Zahlung bis Ende des Jahres 1834 verlängert, und im Oktober konnte Grabbe endlich fort aus Detmold, vor allem fort von seiner grässlichen Frau. Die »Ufer des Mains« jedoch sind ein eher prosaisches Pflaster:*

Herr Oberlandesgerichtsrath [*Immermann*],
verzeihen Sie, wenn ich mich im Titel irre. Sie sind bekannt genug als K. Immermann und die Adresse wird jedenfalls an ihren Mann kommen.

Ich habe Zutrauen zu Ihnen und hoffe auf Sie. Ich glaube nämlich, ich und eine alte Mutter sind verloren, wenn Sie mir nicht zu helfen suchen. Zwar hab' ich seit 1 ½ Jahren eine ziemlich reiche Frau, jedoch so interessant, daß ich sie nur aus der Ferne, jetzt von hier aus, bewundern kann, und von dem

Vermögen nehm' ich dem Weibe nichts, obgleich es mir mitge-
hört, dazu bin ich zu stolz, habe vielmehr mein Eingebrachtes
der Dame großentheils gelassen. Diese Dame ist so interessant gewesen, daß ich ihretwegen Advocatur, Auditeurgeschäft
[…] und eine Zeitlang auch Literatur aufgab. Nun ging ich
nach Frankfurt, wo ein Freund haus'te. Als ich ankam, war er
fort. Mein Verleger ist stets gegen mich etwas sparsam gewesen […]und ich mag ihm jetzt wo ich einiger Geldhülfe bedarf,
keine Anträge stellen und meine Seele nicht verkaufen. Denn
daß ich dann so arbeiten müßte wie er will, weiß ich. An andere Buchhändler wende ich mich nicht, denn ich verstehe den
Schacher zu schlecht. –

Helfen Sie also mir, und könnten Sie mir auch nur ein
Stübchen schaffen und etwa (was Ihnen nicht schwer fallen
kann) juristische oder nicht juristische Abschrebereien gegen ein Billiges. Auch hätte ich etwas für einen Buchhändler,
wovon so recht noch Niemand weiß: mein **Hannibal** ist fast
vollendet. Wenn Sie mir zu so einem auch hülfen, hätt' ich
wohl was Winterkost für meine unglückliche Mutter beizu.
– Daß mich die Zeit drängt und ich umgehends Antwort
wünsche, bitte und erwarte, brauch' ich wohl nicht zu sagen.
[…]

*Immermann versprach das Gewünschte, Grabbes nächster Brief be-
ginnt:* Ich komme. Binnen wenigen Tagen bin ich da. *In Düsseldorf nämlich, wo Immermann just das Theater übernommen hatte
und Grabbe die nächsten zwei Jahre bescheiden unterkam, nicht allerdings wirklich Tritt fassen konnte. 1836 ging er doch wieder heim
nach Detmold – und starb sofort.*

»La bourse ou la vie!«
GEORG BÜCHNER (1813–1837)

An Karl Gutzkow

Darmstadt, den 21. Februar 1835

Mein Herr! Vielleicht hat es Ihnen die Beobachtung, vielleicht, im unglücklicheren Fall, die eigene Erfahrung schon gesagt, daß es einen Grad von Elend gibt, welcher jede Rücksicht vergessen und jedes Gefühl verstummen macht. Es gibt zwar Leute, welche behaupten, man solle sich in einem solchen Falle lieber zur Welt hinaushungern, aber ich könnte die Widerlegung in einem seit kurzem erblindeten Hauptmann von der Gasse aufgreifen, welcher erklärt, er würde sich totschießen, wenn er nicht gezwungen sei, seiner Familie durch sein Leben seine Besoldung zu erhalten. Das ist entsetzlich. Sie werden wohl einsehen, daß es ähnliche Verhältnisse geben kann, die einen verhindern, seinen Leib zum Notanker zu machen, um ihn von dem Wrack dieser Welt in das Wasser zu werfen, und werden sich also nicht wundern, wie ich Ihre Türe aufreiße, in Ihr Zimmer trete, Ihnen ein Manuskript auf die Brust setze und ein Almosen abfordere. Ich bitte Sie nämlich, das Manuskript so schnell wie möglich zu durchlesen, es, im Fall Ihnen Ihr Gewissen als Kritiker dies erlauben sollte, dem Herrn Sauerländer zu empfehlen und sogleich zu antworten.

Über das Werk selbst kann ich Ihnen nichts weiter sagen, als daß unglückliche Verhältnisse mich zwangen, es in höchstens fünf Wochen zu schreiben. Ich sage dies, um Ihr Urteil über den Verfasser, nicht über das Drama an und für sich zu motivieren. Was ich daraus machen soll, weiß ich selbst nicht, nur das weiß ich, daß ich alle Ursache habe, der Geschichte gegenüber rot zu werden; doch tröste ich mich mit dem Gedanken, daß, Shakespeare ausgenommen, alle Dichter vor ihr und der Natur wie Schulknaben dastehen.

Ich wiederhole meine Bitte um schnelle Antwort: im Falle eines günstigen Erfolgs können einige Zeilen von Ihrer Hand, wenn sie noch vor nächstem Mittwoch eintreffen, einen Unglücklichen vor einer sehr traurigen Lage bewahren.

Sollte Sie vielleicht der Ton dieses Briefes befremden, so bedenken Sie, daß es mir leichter fällt, in Lumpen zu betteln, als im Frack eine Supplik zu überreichen, und fast leichter, die Pistole in der Hand: la bourse ou la vie! zu sagen, als mit bebenden Lippen ein: Gott lohn es! zu flüstern.

G. Büchner

»Was heißt: ich kann nicht weiter?«

ROBERT MUSIL (1880–1942)

Genau hundert Jahre nach Grabbes Tod wusste einer der großen Schriftsteller unseres Jahrhunderts nicht weiter und wandte sich – auch mit der Bitte um eine Pension – an den österreichischen Bundeskanzler Kurt Schuschnigg. Schon 1932 hatte Robert Musil, damals noch in Berlin, einen Brief verfasst, der seine verzweifelte Lage schildert (knapp vor der Veröffentlichung dieses Briefes jedoch hatten sich »Kunstfreunde« zusammengefunden, die den Dichter und die Entstehung des zweiten Bandes vom »Mann ohne Eigenschaften« unterstützten).

Ich kann nicht weiter.
Ich schreibe von mir selbst, und seit ich Schriftsteller bin, geschieht es zum ersten Mal. Was ich zu sagen habe, steht in der Überschrift. Es ist kältester Ernst. Wer mich persönlich kennt, wird wohl wissen, daß mir diese Sprache schwerfällt. Was heißt: ich kann nicht weiter? – Das heißt: Ich – zwei Personen, Mann und Frau –, scheinbar »der guten Gesellschaft angehörend« – besitze in dem Augenblick, wo ich mich entschließe, das zu schreiben, … M. … G, in bar, außerdem vielleicht die Möglichkeit, durch Verkauf aller meiner Besitztümer, wenn ich noch die Zeit dazu hätte, … M. zu gewinnen, und außerdem nichts, denn auf den Ertrag meiner Bücher hat der Verlag die Hand. Ich glaube, daß man außer unter Selbstmördern nicht viele Existenzen in einem Augenblick gleicher Unsicherheit

antreffen wird, und ich werde mich dieser wenig verlockenden Gesellschaft kaum entziehen können. Ich mache hier den einzigen mir möglichen Versuch, mich dagegen zu wehren. Wie ist es dahin gekommen? Sicher gibt es auch Menschen, die mich fragen werden, wie hast du es dahin kommen lassen?! Ich will es in wenigen Worten erzählen. Ich besaß vor der Inflation ein Vermögen, das es mir in bescheidener Weise gestattete, meiner Nation als Dichter zu dienen. Denn die Nation selbst gestattete mir das nicht in der Weise, daß sie meine Bücher gekauft hätte. Sie las sie nicht. […]

Nach 1933 dachte die Nation schon gar nicht mehr daran, seine Bücher zu lesen – weder die deutsche noch die österreichische oder später die schweizerische. Das sollte sich erst nach Musils Tod ändern.

Wien, am 21. November 1936

III. Rasumofskygasse 20

Eure Exzellenz! Sehr geehrter Herr Bundeskanzler!

Euer Exzellenz wiederholte persönliche Kundgebungen über Fragen des Geistes, die jedesmal nicht nur auf seinen schicksalsmäßigen Lenker, sondern in glücklicher Verbindung auch auf seinen Kenner zurückweisen, geben mir den Mut und das Vertrauen, Ihnen eine Bitte zu unterbreiten, deren Erfüllung nur von der Macht und dem Kunstsinn Euer Exzellenz erwartet werden kann: Ich bitte Sie, gütigst bewirken zu wollen, daß mir und meinem Schaffen eine Unterstützung zuteil werde, und zwar in Form einer Pension für Dienstjahre, während deren Dauer ich nicht nur als Dichter, sondern auch auf unmittelbare und buchstäbliche Weise als Beamter und Offizier meinem Vaterlande gedient habe.

Es kommt mir nicht zu, dies damit zu begründen, daß ich

mein dichterisches Verdienst oder Grad und Umfang meiner Geltung darzulegen versuche. Aber eines darf und muß ich sagen, daß ich, so lange ich schreibe, stets nur um diese hohe Aufgabe selbst bemüht gewesen bin und mich deshalb nicht um die üblichen Nebenrücksichten auf Mode, gute Gelegenheit, Marktlage, Kameraderie und ähnliches habe kümmern können; denn diesem Verhalten verdanke ich eine gewisse Isolierung in der deutschen und österreichischen Literatur, im guten Sinn wie leider auch im schädlichen. Mehr noch als diese Isolierung hat es aber schließlich die lange Herstellungsdauer bewirkt, die mit meinen Werken notwendig verbunden ist, daß ich mich nicht mehr selbst erhalten kann, seit ich mein Privatvermögen verloren habe, und ich stehe heute, nach fürchterlich wahrscheinlicher Voraussicht, vor dem Ende, wenn mir nicht Hilfe zuteil wird.

Diese Hilfe zu erleichtern, erlaube ich mir, Euer Exzellenz die Darstellung meines Staatsdienstes zu unterbreiten und ihr ein paar Angaben über meine Familie vorauszuschicken:

Ich entstamme von väterlicher Seite einer alten Bauernfamilie des einstigen Österreich, die seit ungefähr 1300, und in geschlossen nachweisbarer Folge ungefähr seit 1500, auf der gleichen kleinen Scholle sitzt und in den letzten hundert Jahren verschiedene verdienstliche Sprößlinge in den Staatsdienst entsandt hat. [...] Auch von Mutterseite her ist meine Familie nach bescheidenen Kräften ein kleiner Teil des großen alten, unaufdringlich verdienstvollen Österreich gewesen. [...]

Was danach noch von mir selbst zu sagen ist, beschränkt sich auf das Folgende: Ich bin am 12.1.1911 als Praktikant in die Bibliothek der Technischen Hochschule in Wien eingetreten und am 16. IX. des gleichen Jahres zum Bibliothekar II. Klasse dort ernannt worden. Ich war im Jahre 1913 genötigt, aus Gesundheitsrücksichten um eine Beurlaubung anzusuchen, die mir auch bewilligt wurde, rückte jedoch im August 1914 freiwillig zum Heere ein und habe dann den Krieg bis zum Ende als Offizier, zuletzt Landsturmhauptmann, im Felde mitgemacht. Ich bin mit dem Ritterkreuz des Franz-Josef-Ordens für vorzügliche Dienstleistungen ausgezeichnet worden, mit der Militär-Verdienst-Medaille mit den Schwertern für tapferes Verhalten vor dem Feinde und mit dem Kaiser-Karl-Truppenkreuz. Nach Beendigung des Krieges wurde ich 1918 für eine besondere schriftstellerische Aufgabe ins Staatsamt des Äußeren berufen. Ich versah diesen Dienst bis zur Beendigung der Aufgabe im Jahre 1920, worauf ich noch im gleichen Jahr in Fortsetzung meines Staatsdienstes in das Staatsamt für Heereswesen berufen wurde. Ich habe die Stellung eines Fachbeirates, die ich dort bekleidete, zuletzt mit den Bezügen eines Obersten, bis Ende 1922 innegehabt.

Je nachdem, ob die Kriegsjahre einfach oder doppelt gezählt werden, habe ich demnach effektiv im Staatsdienst mehr als 10 oder etwas weniger als 15 Jahre verbracht. Ich möchte darum der Hoffnung Ausdruck geben, daß es nicht unmöglich sein könnte, mir einen Pensionsanspruch zuzuerkennen, auch wenn, was ich nicht ausreichend zu beurteilen vermag, die eine oder andere formale Voraussetzung nicht genau gegeben sein sollte. Mit der Bitte, daß die Dringlichkeit dieses Entschlusses, seine Rechtfertigung aus der Lage, in die ich geraten bin, und die Entstehung dieser Lage ohne meine Verschulden, ja in gewissem Sinne gerade aus dem dichterischen Verdienst, Eure Exzellenz bei der Entscheidung bewegen möge
zeichne ich in Ergebenheit
Robert Musil.

Im Februar wurde Musil ins Bundeskanzleramt eingeladen. Vom selben Tag datiert der folgende Amtsvermerk:

Dr. Ing. Robert Musil hat am 24. Februar 1937 h.o. vorgesprochen. Der Genannte nahm zur Kenntnis, daß nahezu keine Aussicht bestehe, das Finanzministerium werde eine seinen Aspirationen, eine Gnadenpension zu erhalten, wohlwollende Haltung einnehmen.

Nichtsdestoweniger beabsichtigt Dr. von Musil mit dem Bundesministerium für Landesverteidigung Fühlung zu nehmen, um die dortselbst allenfalls bestehenden Intentionen in der Frage der Zuerkennung einer derartigen Pension in Erfahrung zu bringen. [...]

Mit der Pension wurde es nichts. Nachdem sich 1938 das deutsche Reich Österreich einverleibt hatte, emigrierten Martha und Robert Musil zunächst nach Norditalien, dann in die Schweiz. Schon im Begriff, sich mit seinem Verleger Gottfried Bermann Fischer zu überwerfen, beschrieb Musil diesem seine Lage:

[...] Mdme M. erbietet sich freundlicherweise 2 Monate im nächsten u. 2 Monate im übernächsten Jahr zu decken (außerdem heuer einen Aufenthalt in L[uxemburg] oder anderswo bis zu 2 Monaten). Im nächsten u. übernächsten Jahr übernehmen auch die gemeins. Bekannten von Mdme und uns je 2 Monate. Das sind also auf 2 Jahre je 4 gedeckte Monate, die dem, was man »bescheiden leben« nennt, entsprechen. Wie Sie bemerken werden, ist es also noch unmöglich von den 4 Mon. des 1. Jahres lebend zu denen des 2. zu gelangen [...]

Über Musils finanzielles Elend ist viel geschrieben worden (zum Beispiel der sehr schöne Aufsatz von Karl Corino in »Genie und Geld. Vom Auskommen deutscher Schriftsteller«). Ich will daher zwei

Briefe vorstellen, die einen anderen »wunden« Punkt berühren, einen
übrigens, der auch in dem Streit zwischen Bermann Fischer und Mu-
sil – wohl als Tropfen, der das Fass zum Überlaufen brachte – eine
Rolle spielte: Robert Musil verlangte (neben vielem anderen, was er
aus großbürgerlichen Zeiten gewohnt war, verlangen zu können):
Ruhe.

Bermann Fischer an Musil im September 1938:

[…] Bei der unbeschreiblichen Notlage unzähliger Menschen,
für die das Ihnen gemachte Angebot [*Auswanderung aus dem*
annektierten Österreich] geradezu eine Lebensrettung bedeuten
würde, musste ich es als ausserordentlich merkwürdig empfinden, daß Sie Rückfragen stellten, die der Situation keineswegs
angemessen schienen. Ich konnte diese Rückfragen nicht einmal an Frau M. weitergeben, so grotesk schien es mir, in diesem
Augenblick feststellen zu sollen, ob man Ihnen zwei **ruhige**
[*Hervorhebung von mir, B. V.*] Zimmer zur Verfügung stellen
könnte.

Bermann Fischer hätte den Brief kennen sollen, den Musil am 10.
September 1936 in Sachen Ruhe geschrieben hatte:

An das Polizei-Kommissariat des III. Bez. [*in Wien*]
Betrifft: Lärmende Bettler
Ich habe schon lange um Schutz gegen die Plage singender und
musizierender Bettler ersuchen wollen, die sich mit Vorliebe
entweder an den Ecken der R[asumofsky]gasse mit der Salm-
und Geusaug[asse], also unmittelbar unter meinen Fenstern,
oder, diesen immer noch nahe genug, an der westlichen Ecke
des Ras[umofsky] Palais aufstellen, wo sich die Straße beider-

seits verbreitert. Beide Plätze lassen sich anscheinend gut »sichern« und sind so beliebt, daß ich in der schönen Jahreszeit
oft tagelang die Fenster meines Arbeitszimmers kaum öffnen
kann; denn was hervorgebracht wird, ist in den allerseltensten
Fällen mit Musik und Gesang auch nur entfernt verwandt. Augenblicklich (ich bin von einer längeren Abwesenheit zurückgekehrt) herrscht überraschende Ruhe bis auf einen Sänger-
Bettler (mittelgroß, braunes gescheiteltes Haar, glattrasiertes
längliches Gesicht, grüner Janker), der jeden zweiten Nachmittag stundenlang meine Zeit für sich in Anspruch nimmt. Ich
bitte höflichst ihn in seiner Hartnäckigkeit einzuschränken
und meinem Wohn und Arbeitsplatz auch fürderhin freundlichen Schutz zu gewähren.
In vorzüglicher Hochachtung ergeben

*Es beruhigt mich immerhin, dass dieser handschriftliche Brief-Ent-
wurf sich in Musils Nachlass, nicht aber in den Akten des Polizei-
Kommissariats gefunden hat …*

> *»Wenn Sie aber die Hand nicht leihen mögen*
> *zur Erpressung verständiger Beamten ...«*
> **UWE JOHNSON (1934–1984)**

Spätestens 1975 begann im Leben des damals 42-jährigen Uwe John-
son dessen persönliche, ganz und gar unvergleichliche Gesamtkata-
strophe, die alles in den Schatten stellt, was der Autor sich jemals
hat ausdenken können (durchaus unterschiedlich dokumentiert und
interpretiert z.B. von Siegfried Unseld und Eberhard Fahlke: Uwe
Johnson: Für wenn ich tot bin, *Frankfurt am Main 1991, und*
Werner Gotzmann: Uwe Johnsons Testamente oder Wie der
Suhrkamp Verlag Erbe wird, *Berlin 1996).*

Den ökonomischen Aspekt der Apokalypse fasst sieben Jahre
später sein Verleger Siegfried Unseld in einem kurzen Brief zu-
sammen:

»Lieber Uwe,
wir müssen über Deine Finanzen reden. Der Soll-Saldo war
am 30.11.1982 DM 230.094,89. Auf dieser Basis kann ich die
monatlichen Zahlungen nicht mehr ad infinitum leisten. Ich
möchte gerne mit Dir darüber sprechen.« (7.12.1982)

»Die monatlichen Zahlungen« – das sind seit 1960 DM 3.000.
Aus den Monaten davor stammt der folgende Bittbrief des Autors
an seinen Verleger, der den sonderbar verqueren, sehr schönen und
umständlichen Humor von Uwe Johnson auf den Punkt bringt – am
liebsten immer von hinten durch die Brust geschossen.

Berlin (Dahlem)

18. September 1959

Lieber Herr Unseld,

...

Ich kann mir denken dass Sie gegenwärtig eigentlich genug Arbeit haben. Da Sie mir aber Bitten aller Art erlaubten, möchte ich Ihnen doch eine vortragen. Sie seufzen. Leider kann ich es mir denken. Man hat mich zu einer Wohnung gewiesen, die ist in der Hauptsache ein Atelierraum, an dem hängen ein Zimmer und eine Kammer; das alles wird merkwürdiger Weise durch Auszug frei und der Vermieter will gar niemand hineinsetzen ausser mir. Und es kostet nur Miete. Da sagt das Wohnungsamt: einer einzelnen Person (die ich bin) stehe nur eine Einraumwohnung zu, das ist auch ganz richtig, denn mir liegt ja nicht an einer neuzeitlichen Wohnmaschine mit mehreren Sondervorrichtungen wie Paternoster und Müllschacht, sondern an diesem grossen grauen Fenster im schrägen Dach, vom üblichen Komfort ist da nichts zu finden. Wahrscheinlich werde ich unterliegen, aber ich möchte mich doch bedenkenlos gewehrt haben; deshalb bitte ich Sie: ob Sie mir nicht ein fachmännisches Gutachten anfertigen möchten? Denn Sie sind eine Kulturbehörde, nicht wahr, das Wohnungsamt Berlin-Schöneberg hingegen ist ein Wohnungsamt. Ihnen wird man eher glauben als einer einzelnen Person, wenn Sie würdig aus der Ferne bescheinigen, dass Sie meine Einweisung für gut und anständig halten: weil es eine Wohnung sei für Sonderzwecke, nicht zum Wohnen; weil einer, der den ganzen Tag zu Hause arbeite, neben der Werkstatt ein Wohnzimmer benötige; weil es da ganz still, abgeschlossen und im vierten Stock sei, hingegen müsse ein Untermieter wo auch immer entweder den unmündigen Kindern oder den Haustieren und ihren Lebens-

äusserungen ein verlogen freundliches Interesse bezeigen, das
fördere nicht die Arbeit und nicht die Moral; drittens, weil ich
ein Gewinn für das berliner Kulturleben sei (dies sind nun Ihre
eigenen Worte) und also doch wohl zwei Räume für ein Leben in der Gesellschaft, in Laster, Luder und Lotter brauche;
viertens, weil da ein installiertes Telefon sei, und Sie müssten
nun gleich und jeden lieben Tag zwei geschlagene Stunden lang
mit mir telefonieren; fünftens, weil ich eben erst auf die Welt
gekommen sei, ohne Hilfe und schutzlos – würden Sie da wohl
mitspielen mögen? Ich hätte es gern ein bisschen aufgescho-
ben, aber eine Behörde lässt sich nicht schieben. Wenn Sie aber
die Hand nicht leihen mögen zur Erpressung verständiger Be-
amten mit kulturellen Reden, so anerkenne ich Ihre Gründe
von vornherein

…

Mit herzlichen Grüssen
Ihr Uwe Johnson

*Siegfried Unseld hat das tatsächlich gemacht, und Johnson hat die
Wohnung in Friedenau gekriegt.*

»... und kaum noch die Kraft, unter Brücken zu schlafen«

WOLFGANG KOEPPEN (1906–1996)

In Staub mit allen Feinden Brandenburgs – *das Schlussfanal von Kleists »Prinz von Homburg« ist zugleich der Titel eines Romans, den der Suhrkamp Verlag im Frühjahr 1975 ankündigte. Weitere Titel desselben Autors waren* Bismarck oder All unsere Tränen, Die Scherzhaften, Theseus fast nichts, Reise um die Welt, Tasso oder die Disproportion, Vorkrieg, Krieg, Nachkrieg, Starnberg, Hongkong oder Wie man einen Film dreht, Kein Land *und* Die Jawang-Gesellschaft; *die Aufzählung ist sicher nicht erschöpfend.*

Gemeinsam ist all diesen Büchern, dass sie finanziert, aber nie geschrieben wurden.

Im Jahr 1960 trat Wolfgang Koeppen in den Suhrkamp Verlag ein, der jetzt anlässlich des hundertsten Geburtstags dieses sonderbarsten seiner Autoren den Briefwechsel zwischen dem Autor und seinem Verleger Siegfried Unseld herausgibt und den Lesern damit ein Vergnügen der grenzwertigen Art bereitet. Es ist keine Überraschung, dass Geld darin eine Rolle spielen würde; der Autor, der in den sechziger Jahren hoch gelobt und mit vielen Preisen ausgezeichnet war, lebte gern besser, als seine Produktivität es ihm ermöglichte. Für diesen Umstand wiederum ist nach Koeppen alles Mögliche verantwortlich: meistens »Exzesse, Alkohol, Tabletten, Wahnsinn, Depressionen, Kämpfe, Zerstörung, Flucht, Suchen, durchwachte Nächte und Tage«, (147) »Düsternisse, ... Existenzängste, deliriere Vorstellungen, Zwangsideen« (232) »Explosion, Ringkämpfe ..., Hass, Trostlosigkeit, Gotteshader, Todesverlangen«

(147), kurz: seine Frau, aber auch »Schulden, Gläubiger, drohende Sperre des Lichts und des Telephons, kein Geld für die Miete, die Versicherungen gekündigt, ... Leben und Arbeit unter Panik« (183).

Koeppens Briefe sind sehr häufig gewaltig, exhibitionistisch und, man muss es leider sagen: abstoßend, deshalb hier nur ein winziges, lakonisches Betteltelegramm:

Meran

23. Oktober 1968

Sitze durch Autopanne in schrecklicher Lage Hotel Esplanade Meran Italien Erbitte dringend telegrafisch fuenfhundert Mark Wolfgang Koeppen

Zu der Zeit hatte Koeppen Siegfried Unseld schon längst »seine Haut versprochen«, wie Uwe Johnson die mephistophelische Schief-lage zum Verlag 1966 ausgedrückt hatte, die ihm zehn Jahre später übrigens selbst nicht erspart blieb.

Das Überraschende an dem Briefwechsel zwischen Koeppen und Un-seld ist nicht so sehr der Einfallsreichtum des Autors, sondern wie sein Verleger zunächst mit unfassbarer Geduld darum ringt, dem Vertragspartner die Arbeit am versprochenen Buch zu ermöglichen, dann aber, als er schon ahnt und später auch weiß, dass Koeppen den Roman wohl nicht schreiben wird, dennoch weiter mitspielt, und zwar ganz und gar nicht in der teuflischen Rolle, die die ökonomische Realität nahe gelegt hätte.

Der Autor selbst fasst das 1975 in einen kurzen Satz: »Ich bin dir ungeheuer dankbar, dass du nicht versucht hast, mich zu mahnen, mir zorngefüllte Briefe zu schreiben.« (245)

Und tatsächlich – das hat Siegfried Unseld nicht getan.

*Aber gebeten hat er den Autor; manchmal hat er geradezu gebet-
telt. Das hört sich gleich zu Beginn ihrer Beziehung so an:*

30. Dezember 1960
»Sie wissen, es ist mein sehnlicher Wunsch, daß diese Zusam-
menarbeit sich harmonisch und produktiv auswirken möchte.
Der Verlag hat ja nun Vorleistungen ideeller und materieller
Natur erbracht. Ich hoffe sehr, daß dieses Vertrauen Sie bewegt
und befeuert, in jedem Falle aber stärkt.«

*Auf diesen ersten, mit leisem Druck versehenen Wunsch erfolgt ein
mittlerer Wutausbruch des Autors, über den man rückwirkend in
schallendes Lachen ausbrechen könnte, wenn er nicht so unverschämt
wäre:*

»Bei mir, das lehrt mich die Erfahrung, besteht die große
Chance, daß ich termingerecht oder nur wenig verspätet fertig
sein werde. Auf den Herbst setze ich wie Sie! Der Rest wäre Ihr
Berufsrisiko.« (3. Januar 1961)

*Mit Druck, so versteht der Verleger, geht bei dem Autor gar nichts. Er
wird künftig nur noch sehr selten zu diesem Mittel greifen. Aber ohne
Druck geht eben bei Koeppen auch nichts.*

»Ich bitte Sie deshalb, lieber Herr Koeppen, jetzt alle Kräfte
zusammenzunehmen, vor allem die der Geduld und sich auf
Ihre eigentliche Arbeit zu konzentrieren. » (18. August 1961)
   „… auch ich denke an Sie, und zwar so sehr, daß ich den Griff
zum Telefon nicht wage. Ich möchte Sie nicht stören und nicht
beunruhigen, doch steigt bei uns die Spannung von Tag zu Tag.
Mit dem Ablieferungstermin Ende Mai, spätestens Mitte Juni

bin ich einverstanden, doch haben wir zweierlei zu bedenken. Den Vorankündigungs-Prospekt müssen wir spätestens 10. Juli drucken, wie aber sollen wir den Text zu Ihrem Buch schreiben können, wenn wir den Inhalt nicht kennen.

Ich hoffe sehr, Sie sehen darin kein störendes Drängen. ...« (10. Mai 1963)

»Sie können sich vorstellen, daß auch ich sehr an Sie gedacht habe. Am 15. Januar, unserem vereinbarten Stichtag, war ich in St. Moritz ...« (31. Januar 1964)

»...seit Tagen versuche ich Sie anzurufen ..., aber es meldete sich niemand, und dies weder am Tage noch am Abend. Ich bin doch neugierig, wie es steht. Bitte, lassen Sie doch von sich hören.« (11. März 1964)

Im Frühling 1964 dann eine ernste Krise, als Unseld feststellt: »Sie werden also noch eine Zahlung in der bisherigen Höhe Ende März für den April erhalten. Wir nähern uns mit dieser Zahlung nun dem achtzigsten Tausend, das ist ein Betrag, wie er sicher in dieser Höhe noch nie einem Autor vorgeschossen wurde.«

Darauf geht Koeppen in Kommunikationsstreik, Unseld schreibt: »Ihre Nummer gibt erst das normale Rufzeichen, danach aber erscheint ein Belegt-Ton. Ich nehme an, daß Sie das Telefon abgeschaltet haben, um ungestört arbeiten zu können.« (20. April 1964)

Dennoch weiterhin Funkstille bis Mai.

Unseld weiß offenbar mit dem Verweigerer nun nicht weiter, wechselt die Strategie und kündigt an, die Zahlungen bis zur Ablieferung des Manuskripts einzustellen, allerdings: »Ich nehme an, daß Sie doch noch über Reserven verfügen; keinesfalls möchte ich, daß eine neue Irritation über sie kommt« (4. Mai 1964), *aber leider*

kam es dann doch so, dass den Autor daraufhin »große Verzweiflung«, *erfasste (23. Juni 1964), und die erforderte ein persönliches
Gespräch, aber schon zwei Monate danach geht es weiter:*

»… ich versuchte in den letzten Tagen Sie anzurufen, aber
es meldete sich niemand. Sie haben uns einen August-Termin
genannt, wie sieht es damit aus?« (26. August 1964)

Kein Brief ohne »Wie steht's mit dem Manuskript?«, »Könnten Sie mich anrufen?«.

Kein Text kommt.

Am 6. Januar 1966: »Ich hoffe sehr, daß das Manuskript nun
definitiv zum 1. März fertig wird. Es ist nun doch an der Zeit.«

Im November desselben Jahres erklärt sich der Verlag »nochmals«
bereit, »Ihnen eine Summe von 10.000 zur Lösung Ihrer Woh-
nungsfrage zu geben«, *allerdings nicht als Honorarvorschuss, sondern als zunächst zinsloses, ab 1968 zu 8 % verzinsbares Darlehen.
Diese* »neuerliche Bereitschaft hat nichts anderes zum Ziel,
als Sie nun dringlich zu veranlassen, diese Arbeit, von der Sie
sprachen, jetzt fertigzustellen und sie, wie auch immer sie sich
Ihrem Urteil stellen wird, an uns zu schicken. Wir sollten uns
hierfür einen Termin von Ende Februar vornehmen.« (9. November 1966)

Wieder nichts.

»… wir wollen jetzt also den 15. August fest im Auge behalten. Bitte setzen Sie alles daran, das Manuskript abzuschlie-
ßen.« (19. Juni 1967)

*Und tatsächlich: Beinah wäre das, was bei Siegfried Unseld unter
dem 18. August 1967 eingeht, ein ganzer Roman. Das Ende jedenfalls
ist groß:* »Ich führe kein Schwert und bin kein Mörder.« *Aber es
ist bloß eine theatralische Absage: Wieder mal ist Koeppens Frau
Marion schuld.*

Und so geht es weiter und weiter:

»Versuchen Sie, Ihre Arbeit bis Ende des Jahres fertigzumachen ...« (17. November 1967)

»Wir sollten bis Ende Februar ...« (9. Februar 1968)

»... hoffe sehr auf den September.« (17. Juli 1968)

»... warte gerne bis Mai, aber dann hoffe ich doch auf ein
Manuskript.« (6. März 1969)

»Wann erhalte ich das Manuskript?« (26. September 1969)

*Am 6. Februar 1970 hat Siegfried Unseld eine Idee, mit der er schon
kurz zuvor Ingeborg Bachmann zum Schreiben gebracht hatte: Er
lädt den Autor ein, bei ihm zu wohnen und zu arbeiten:*

»Im oberen Stock meines Hauses herrscht gähnende Leere.
Betten und Zimmer und auch ein Arbeitsraum im Verlag rufen
laut nach Ihnen!«

Und noch mal am 23. April die »dringliche Aufforderung:
kommen Sie nach Frankfurt!«.

Aber diesmal ist es der Arzt, der dem Autor sagt, »ich dürfte
M[arion] nicht allein lassen.« (11. Mai 1970).

Auf die besorgte Anfrage Siegfried Unselds am 15. Mai – »Regelt
sich Ihre finanzielle Lage, wenn Sie in München sind, anders,
als wenn Sie hier in Frankfurt arbeiten? Ich glaube dies nicht«
*– antwortet Wolfgang Koeppen mit einem seiner Elendsbriefe. Der
folgende gehört zu den eher sachlichen:*

München

16. Mai 1970

Lieber Herr Dr. Unseld,

es ging ja mit der Arbeit, und am besten wäre, es ginge weiter
mit ihr, hier, wo ich alles beisammen habe, bis es nicht mehr
gehen wird, dann käme ich, wenn ich überhaupt noch kommen
könnte, denn ich hätte weder Fahrgeld noch Benzin und Oel für

den ächzenden Wagen. Ich bin seit gestern mittellos im wörtlichen Sinn. Noch mehr als dies, dem ich mit Stoizismus oder Hoffnung begegne, auf was wohl, vielleicht ist es Neugierde oder Stumpfsinn oder Irrsinn, ängstigt mich die Heizungs- und Warmwasserfirma des Hauses, die für eine Rückrechnung 980 Mark fordern und nun mit Gericht und Mitteilung an die Hausverwaltung drohen, was den Rauswurf bedeuten würde und kaum noch die Kraft, unter Brücken zu schlafen. Ihr Wolfgang Koeppen

Wie sich diese Situation regelt, ist brieflich nicht dokumentiert, Koeppen bleibt in der Wohnung, und an seine dortige Adresse ergeht am 26. Oktober 1970 »wieder ... an Sie der dringliche Ruf nach dem Manuskript« *und wird nicht erhört. Im Gegenteil.* »...so geht es nicht. Ich muß es sagen. Seit Ostern sind wir ohne Geld« *beginnt Koeppens nächster Brief am 17. April 1971.*

Spätestens am 1. Juni 1971 ist klar, dass Unseld zur Resignation bereit ist:

»Vordringlich oder das wichtigste in unserer Situation ist, daß Sie wirklich diesen neuen Text jetzt abschließen können. Bitte, lieber Herr Koeppen, überschreiten Sie den Rubikon. Es ist die Situation des hic et nunc.«

»Bitte ringen Sie sich jetzt durch! ... Warum rufen Sie mich nie? Ich komme sofort. ... Ich träume immer schon davon, daß wir den Schluß des Manuskripts gemeinsam formen.« (21. Juni 1971)

Dann, nach dieser flehentlichen Bitte, ändert sich der Ton:

»... heute ist der 20. August. Das war doch ein Termin, den wir uns beide gestellt haben. Wie sieht es mit dem Manuskript des Romanes aus?«

»... ich habe auch im September immer noch gehofft, Sie würden eines Tages das Manuskript einschicken, aber es sieht nun doch nicht mehr so aus *(hier endet eigentlich der Satz, aber aus blanker Höflichkeit des Verlegers erfolgt noch ein mildernder Nebensatz)*, als würden wir das in diesem Jahr noch bringen können.«

Aber Koeppen mag nicht über das Manuskript sprechen, sondern lieber »über eine Sicherung der Grundlage meiner Existenz für die nächsten Arbeiten« (9. Oktober 1971), *obwohl es keine vorherigen Arbeiten für den Suhrkamp Verlag gegeben hatte.*

Im März nimmt der Verleger das bekannte Thema wieder auf: »Ich beschwöre Dich, jetzt am Manuskript zu bleiben und es fertigzumachen.« (10. März 1972)

Der Wechsel zum Du hat stattgefunden, ansonsten bleibt alles beim Alten, und zwar in endlosen Variationen noch durch viele Jahre hindurch, bis in den Sommer 1979.

»… ich habe veranlaßt, daß Dir – Deinem Wunsche folgend – wieder drei monatliche Raten à DM 3.000 zugehen. Ich möchte Dich ebenso herzlich wie dringlich bitten, Dich jetzt auf den Text ›Tasso oder Die Disproportion‹ zu konzentrieren, ihn niederzuschreiben und ihn mit aller Anstrengung doch bis zum 9. Oktober 1979 fertig zu haben.«

Tasso – wie alle anderen – muss sterben, denn, so Koeppen, inzwischen hat »Claus Peymann in Bochum seinen ›Tasso‹ auf die Bühne gebracht« *und Koeppen quasi den Stoff geklaut:* »der scheiternde Intellektuelle heute. … Wäre Peymann nach mir gekommen, ok! Jetzt könnte einer sagen, K hinkt hinter Peymann her.« (5. Februar 1980)

Zu dumm aber auch.

Schon in diesem Brief spricht Koeppen von seinem nächsten Buch, wie er noch bis zum letzten Atemzug immer wieder den großen Koeppen-Roman in Aussicht stellt.

Allerdings bittet sein Verleger ihn nun nie wieder, diesen Roman auch tatsächlich zu schreiben.

Bezahlt hat er, dies belegt der Briefwechsel, bis zu Koeppens Tod immer weiter, nicht nur den Unterhalt gezahlt, sondern auch tausende Mark für Hotelaufenthalte im Arabella München, wenn Koeppen es in seiner Wohnung nicht mehr aushielt, und noch am 13. März 1994 notierte sich Unseld: »Er nahm die monatlichen Pflegekosten in Höhe von ca. DM 17.000 irgendwie zur Kenntnis, freilich, er habe davon ja keine Mark.«

Die bezahlte der Suhrkamp Verlag.

Ein Jahr später schrieb der Verleger, und es klingt, als fasse er in diesem Satz seine fünfunddreißigjährige Erfahrung mit diesem Autor zusammen: »Es ist schwer, ihm nicht helfen zu können.« (546)

»An die anmutige Güte Ihrer Majestät«

CHARLES BAUDELAIRE (1821–1867)

An die Kaiserin

6. November 1857

Madame,

es braucht den ganzen gewaltigen Dünkel eines Dichters, um
es zu wagen, die Aufmerksamkeit Ihrer Majestät für einen so
geringen Fall, wie den meinen, in Anspruch zu nehmen. Ich
hatte das Unglück, infolge eines Gedichtbandes mit dem Titel **Les Fleurs du Mal** gerichtlich verurteilt zu werden, denn
die schreckliche Aufrichtigkeit meines Titels hatte mich nicht
genügend beschützt. Ich hatte geglaubt, ein schönes, großes
und vor allem klares Werk geschaffen zu haben. Es wurde als
recht dunkel bewertet. Ich wurde daher dazu verurteilt, das
Buch neu zu schreiben und einige Stücke (sechs von **hundert**)
auszumerzen. Ich muß sagen, daß ich vom Gericht mit bewun-
dernswerter Höflichkeit behandelt wurde, und daß sogar die
Formulierung des Urteils die Anerkennung meiner hohen und
reinen Absichten einschließt. Aber die Buße, die von Kosten
vergrößert wurde, die mir unerklärlich sind, überschreitet das
Vermögen der sprichwörtlichen Armut der Dichter. Ich habe
daher – ermutigt durch viele Achtungsbeweise, die ich von
hochgestellten Freunden erhalten habe und gleichzeitig davon überzeugt, daß das Herz der Kaiserin dem Mitleid für alle
geistigen und materiellen Drangsale offen steht –, nachdem ich

zehn Tage lang unentschlossen und schüchtern verharrte, den Plan gefaßt, mich an die anmutige Güte Ihrer Majestät zu wenden und Sie zu bitten, sich beim Herrn Justiziminister für mich zu verwenden.

Geruhen Sie, Madame, die Huldigung der Gefühle tiefen Respekts entgegenzunehmen, mit denen ich die Ehre habe,

Ihrer Majestät

sehr ergebener und gehorsamer Diener und Untertan zu sein.

Charles Baudelaire

»Rette mich ein letztes Mal, wie Du es 1000mal getan hast«

FJODOR M. DOSTOJEWSKI (1821–1881)

Man kann den ersten der zwei Bände mit Dostojewskis Briefen auf-
schlagen, wo man will: Mit Sicherheit wird dort jemand (meistens
der Bruder) angefleht, bekniet, bestürmt, direkt und unverfroren
behelligt, *werden aufs Präziseste die absonderlichsten Milchmäd-*
chenrechnungen angestellt und präsentiert, die einen Vorschuss aus
dem Adressaten herauslocken sollen, zerknirschte Selbstanklagen oder
-rechtfertigungen, drastische Elendsschilderungen ziehen sich über
viele Seiten, und dann geht es immer um 50 Rubel oder 3000, um 100
Taler oder den letzten Groschen. Dostojewskis Ökonomie war ein gi-
gantisches, gruseliges Kartenhaus, es hat wie er selbst entschieden an
der Fallsucht gelitten; immer war er gerade dabei, es wieder aufzu-
bauen, nachdem es – so die Struktur – eben eingestürzt war. Selbst
im Alter, als sich die Dinge geordnet hatten, kam es immer wieder vor,
dass eine der alten Bittformeln, ach was: Rituale waren es – beinah
ohne Geld und *bitte inständig – wie automatisch in einen Brief*
eingeflochten ist. Dostojewskis letzter Brief noch enthält als womöglich letzte Bitte *die um 400 Rubel.* Gegenwärtig brauche ich sehr
dringend Geld. *Die drei folgenden Briefe müssen für viele stehen.*

An den Bruder Michail Michailowitsch

Semipalatinsk, 3. November 1857
Geliebter Freund und Bruder, nach Erhalt Deines kleinen Brief-
chens […] habe ich Dir nicht sogleich geantwortet, wollte ich

doch die versprochene Zigarrensendung abwarten [...] und Dir dann umgehend schreiben. Doch erhielt ich weder die Zigarren noch einen Brief, und so schreibe ich nun, ohne länger zu warten, um erstens schneller mit Dir reden zu können und Dir zweitens einiges über meine gegenwärtige Lage mitzuteilen. 1. Zu meinem Privatleben. Wir leben so einigermaßen, weder gut noch schlecht. Ich leiste meinen Dienst, obwohl ich beabsichtige, in nächster Zeit um den Abschied zu bitten, denn ich halte es für eine Sünde, meine Krankheit [*Epilepsie*] ohne Behandlung zu lassen. Und auch mein Gewissen sagt mir: so soll man nicht dienen; ich erkenne und spüre ja selbst, daß ich auf Grund meiner Krankheit kaum den leichtesten Verpflichtungen nachkommen kann. [...] Ich werde auch nach meiner Entlassung und im Krankheitsfall eine Möglichkeit finden, um durch literarische Betätigung nützlich zu sein. Alles, was unnormal, gegen die Natur ist, rächt sich am Ende [...] Ich hoffe auf die allerhöchste Gnade unseres vortrefflichen Monarchen, der mir bereits so viel geschenkt hat. Er wird sich meiner, des unglücklichen Kranken, annehmen und mir vielleicht erlauben, nach Moskau zurückzukehren, um Ärzte zu konsultieren und meine Krankheit behandeln zu lassen. Außerdem, wo sollte ich meinen Lebensunterhalt verdienen, wenn nicht in Moskau, wo es jetzt so viele Journale gibt, bei denen ich gewiß als Mitarbeiter willkommen wäre. [...] Was meinen Roman angeht, so ist mir und ihm eine unangenehme Geschichte widerfahren, und zwar deshalb: Ich habe mir zur Regel gesetzt und geschworen, jetzt nichts Undurchdachtes und Unausgereiftes, nichts unter Termindruck (wie früher) und des Geldes wegen zu drucken, man darf mit einem Kunstwerk nicht spaßen, man muß ehrlich arbeiten, und wenn ich schlecht schreibe, was vermutlich oft geschehen wird, dann soll es aus Mangel an Talent sein, nicht aus Nachlässigkeit oder Leichtsinn. Darum bin ich nachdenklich geworden, als ich sah, daß mein Roman gewaltige Ausmaße annimmt, daß er gut gerät und daß ich ihn unbedingt (des Geldes wegen) schnell beenden müßte. Nichts ist betrüblicher als solche Überlegungen während der Arbeit. Lust, Wille, Energie – alles erlischt. Ich sah mich vor der Notwendigkeit, die Idee zu verderben, die ich drei Jahre lang durchdacht. […] Über die Hälfte der Arbeit war im Entwurf bereits fertig. Doch merkte ich, daß ich bis zu dem Termin, da ich auf Teufel komm raus Geld brauche, nicht einmal die Hälfte werde abschließen können. Ich dachte (und redete mir ein), ihn in Fortsetzungen schreiben und veröffentlichen zu können, weil jeder Teil in sich abgeschlossen ist, doch der Zweifel quälte mich immer mehr. Ich habe mir längst zur Regel gemacht, eine Arbeit aufzugeben, wenn sich der Zweifel einschleicht, weil Arbeit unter Zweifeln zu nichts führt. Doch es tat mir leid, alles hinzuwerfen. Dein Brief, in dem Du sagst, daß Fortsetzungen niemand nehmen wird, hat mich endgültig bewogen, die Arbeit einzustellen. Zwei Überlegungen waren der Grund dafür. Was soll nun werden? Dachte ich, entweder ich schreibe gut und werde noch in einem Jahr das Geld nicht haben, also wird meine Arbeit nutzlos sein, oder ich bringe die Sache irgendwie zum Abschluß und verderbe alles, das hieße unehrenhaft zu handeln; und dazu fehlte mir auch die Kraft. Und so habe ich den ganzen Roman samt allem Material nun in die Schublade gelegt. Ich begann eine kleine Novelle. Sobald sie fertig ist, werde ich einen Roman aus dem Petersburger Leben schreiben, in der Art der »Armen Leute« (aber von der Idee her noch besser), diese beiden Dinge habe ich schon lange angefangen und teilweise niedergeschrieben, sie machen keine Schwierigkeiten, die Arbeit läuft wunderbar, und am 15. Dezember schicke ich dem »Westnik« meine 1. Novelle. Dort zahlen sie im voraus und nicht wenig. Ich werde Geld haben. Doch das Unglück ist: Zum 1. Januar werde ich überhaupt kein Geld besitzen, und da ich, als ich diesen Brief begann, beschloß, Dir all meine Umstände zu erklären und um etwas zu bitten, schreite ich nun zur Tat.

Im Februar, als ich heiratete, borgte ich mir hier 650 Silberrubel. Ich nahm sie von einem Herrn, einem sehr ordentlichen, doch seltsamen Menschen. […] als er mir das Geld gab, sagte er: nicht nur für ein Jahr, sondern auch für zwei, genieren Sie sich nicht, ich habe genug, ich bin froh, Ihnen helfen zu können – und er wollte nicht einmal einen Schuldschein nehmen. […] vom Onkel aus Moskau [erhielt ich] 600 Silberrubel und später nochmal 1000. Außer meiner Uniform bestand meine gesamte Habe nur aus einem Kopfkissen und einer Matratze. Alles bis zur letzten Kleinigkeit mußte neu angeschafft werden, hinzu kam: im Laufe des Jahres gab [ich] viel Geld für die Angelegenheiten meiner Frau, damals noch meiner Braut, aus und bezahlte meine in drei Jahren gemachten Schulden in Höhe von fast 300 Silberrubel […] Und Semipalatinsk ist die teuerste Stadt auf der Welt […] Beispielsweise bezahle ich für die Wohnung ohne Brennholz und ohne Wasser 8 Silberrubel im Monat. Ich wollte eine kleinere und billigere Wohnung suchen, doch die gibt es nicht, da alles besetzt ist, seit 3 Jahren an die 100 Beamte hierhergekommen sind, von denen bis jetzt noch keiner ein Haus gebaut hat. Nach provinziellem Brauch muß wer auch immer zu Besuch kommt, bewirtet werden; dazu mußt Du wissen, daß ein Pfund vom miserabelsten russischen Käse beinahe einen Silberrubel kostet. Es gibt hier 150 Kaufleute, aber der Handel ist asiatisch. Europäische Ware (d.h. herrschaftliche) handeln nur drei, vier Kaufleute. Man bringt den Ausschuß der Moskauer Fabriken hierher und verkauft ihn zu einem horrenden Preis,

den nur verlangen kann, wer von Fieber und Wahnsinn erfaßt
ist. Versuch bloß, einen Uniformrock oder Hosen zu bestellen;
für das Tuch, das in Moskau 2 Silberrubel kostet, nimmt man
hier bis zu 5. Mit einem Wort, es ist das teuerste Städtchen der
Welt. Und deshalb verwundert es nicht, daß die Fahrtkosten,
die Reisen, die Hochzeit, die Rückzahlung der Schulden und
die Anschaffung des Allernotwendigsten für den Anfang und
der Lebensunterhalt all unser Geld verschlungen haben. Zum
1. Dezember wird mir kein einziger Rubel bleiben. Überdies
begann der Herr, der mir das Geld gegeben hat, mich schon
drei Monate nach meiner Heirat daran zu erinnern. Das hat
mich erstaunt: denn ich hatte ihm ausdrücklich gesagt: »wenn
Sie ein Jahr warten können, dann geben Sie es mir, wenn nicht,
lassen Sie es lieber.« Worauf er antwortete: sogar zwei Jahre. Ich
gab ihm eilends einen Schuldschein, befristet zum 1. Januar des
kommenden Jahres. Ich hoffte, das Geld für den Roman zu bekommen. Nun sind alle Hoffnungen zusammengebrochen; wenigstens was den 1. Januar angeht. Unterdessen hat jener Herr
geheiratet, zürnt mir aus unerfindlichem Grunde – und die Geschichte hat sich so entwickelt, daß ich nicht mehr froh werde,
daß ich mich darauf eingelassen habe. Alles geschieht sehr de-
likat – doch ich weiß, daß er den Schuldschein zum 1. Januar
protestieren will. […] Ich schreibe Dir nicht alles, aber meine
Situation ist äußerst schwierig. Mit einem Wort, am 1. Januar
muß ich zahlen, koste es, was es wolle. Im übrigen habe ich uner-
wartete Hilfe bekommen, die auch Einfluß auf meine Zukunft
nehmen wird. Diese Hilfe ist Pleschtschejew. Ich stehe mit ihm
seit langem im Briefwechsel. Er ist noch dieselbe sympathische,
edle, zarte Seele wie früher. […] Vor etwa 2 Monaten teilt er mir
mit, er habe eine Erbschaft gemacht; […] sein Anteil beläuft
sich nach dem Testament auf 50 000 Silberrubel. Pleschtsche-

jew schreibt mir auf der Stelle, wenn ich Geld brauchte, gäbe er mir **soviel ich wollte**, und wären es **fünftausend** Silberrubel. Aber er erhält sein Erbe nicht vor April des kommenden Jahres (also 58). Er schreibt, wenn wir in Moskau zusammenkommen könnten, würden wir uns nicht mehr trennen, und sagt, er sei bereit, sein Kapital für ein sicheres literarisches Unternehmen zu verwenden, wobei er schreibt, daß die Hauptperson selbstverständlich ich (d. h. **ich**) wäre. Ich antwortete, daß ich mir 1000 Silberrubel von ihm borgen wolle. Dieses Tausend zusammen mit dem Geld, das ich für meine beiden Erzählungen erhalte, wird mir helfen, die Schulden zu begleichen, meinen Abschied zu nehmen und im Juni nach Rußland zu kommen. Für die 1. Erzählung, die (wenn man den Druckbogen mit 75 Silberrubel ansetzt) etwa 500 Silberrubel wert ist, bekomme ich das Geld ungefähr im Februar. Aber ich will um einen Vorschuß von 300 Rubel bitten und werde daher fast 800 Silberrubel erhalten. Die zwei Erzählungen sind an die 1000 wert. Folglich: im Februar bekomme ich **ganz sicher** Geld, auch im April von Pleschtschejew – doch was soll ich am 1. Januar 58 machen? Mehr noch: was im Dezember dieses Jahres? Zum 1. Dezember wird der letzte mir verbliebene Rubel ausgegeben sein; wovon soll ich leben? Es gibt jetzt niemanden, bei dem ich borgen könnte! Keiner von denen, die anzupumpen ich mich entschließen könnte, ist hier. Zu verkaufen habe ich nichts. Mein Gehalt kann ich nicht im voraus nehmen […] Und schließlich diese Schuld, die mich bedrückt und quält. Das ist der Grund, geliebter Freund, weshalb ich mich ein letztes Mal an Dich wende: hilf mir zum letzten Mal. Schicke mir, sofern Du nur kannst, 650 Silberrubel, für kaum mehr als drei Monate. Du hast zwei Garantien, daß ich sie Dir unbedingt zurückzahle: falls Du nicht daran glaubst, daß ich im Februar das Geld für meine Arbeit **bestimmt** bekomme, so erhalte ich doch gewiß welches im April von Pleschtschejew. Ich schicke es im Februar sofort ab, dann hast Du es im März. Ich schwöre es Dir! Und deshalb, wenn Du 650 Rubel für drei Monate entbehren kannst, so rette mich ein letztes Mal, wie Du es 1000mal getan hast. Sei noch einmal mein Wohltäter, glaub mir, mein Freund, ich würde Dein Vertrauen um nichts in der Welt mißbrauchen, im März bekommst Du Dein Geld zurück – das schwöre ich bei allem was mir heilig ist! Hilf mir, mein Freund und Bruder. Diese Schuld quält mich moralisch so sehr, nie zuvor in meinem Leben befand ich mich in einer so zweideutigen, **unschönen** Situation. Ich schreibe Dir nicht alles, aber meine Geschichte gibt eine großartige Romanepisode ab. Leb wohl, Bruder, mein Täubchen. Wisse, daß ich alle Hoffnung auf Dich setze. Ich hätte Pleschtschejew gebeten, doch er hat jetzt nichts, und außerdem heiratet er. Ich flehe Dich um eines an: säume nicht mit Deiner Antwort und antworte **sofort** nach Erhalt meines Briefes, denn ich werde mit äußerster Ungeduld und Besorgnis warten. [...]

Am 22. Dezember 1849 hatte der politische Gefangene Dostojewski (er gehörte zu einer Gruppe fourieristisch, also utopisch-sozialistischer »Verschwörer«, die im April verhaftet worden war) hingerichtet werden sollen. Am selben Tag war das Urteil umgewandelt worden: Sibirien. Am 24. Dezember hatte er Petersburg – mit Ketten an den Füßen – verlassen. Zehn Jahre später:

An den Zaren Alexander II

                    Twer, zwischen dem 10. u. 18. Oktober 1859
Eure Kaiserliche Majestät,
Ich, ein ehemaliger Staatsverbrecher, erkühne mich, vor Ih-

rem hohen Thron meine demütige Bitte vorzutragen. Ich weiß,
daß ich der Wohltaten Eurer Kaiserlichen Majestät unwürdig
und der letzte unter jenen bin, die hoffen dürfen, Eure Kai-
serliche Gnade zu verdienen. Doch ich bin unglücklich, und
Sie, unser Herrscher, sind grenzenlos barmherzig. Verzeihen
Sie meinen Brief und strafen Sie mit Ihrem Zorn nicht einen
Unglücklichen, der Gnade Bedürfenden. Ich wurde 1849 in
St. Petersburg für ein Staatsverbrechen verurteilt, degradiert,
aller Standrechte enthoben und nach Sibirien verbannt, zu
vierjähriger Zwangsarbeit der zweiten Kategorie auf einer
Festung, mit anschließendem Dienst als gemeiner Soldat. Im
Jahre 1854 wurde ich nach der Entlassung aus der Festungshaft
in Omsk in das 7. Sibirische Linienbataillon als gemeiner Soldat aufgenommen; 1855 erfolgte meine Beförderung zum Un-
teroffizier, und im darauffolgenden Jahr 1856 beglückte mich
die Allerhöchste Gnade Eurer Kaiserlichen Majestät mit der
Beförderung zum Offizier. Im Jahre 1858 geruhten Eure Kaiserliche Majestät, mir das erbliche Adelsrecht zu schenken. Im
selben Jahr bat ich auf Grund einer Fallsucht, die bereits im
ersten Jahr der Zwangsarbeit zum Ausbruch gekommen war,
um meinen Abschied, und ich habe nun, nach der Entlassung,
meinen Wohnsitz in der Stadt Twer genommen. Meine Krankheit verschlimmert sich mehr und mehr. Unter jedem Anfall
leiden mein Gedächtnis, meine Phantasie, meine seelischen
und körperlichen Kräfte. Der Ausgang meiner Krankheit wird
völliger Verfall, Tod oder Wahnsinn sein. Ich habe eine Frau
und einen Stiefsohn, für den ich verantwortlich bin. Vermögen
besitze ich keins und bestreite meinen Lebensunterhalt allein
durch meine literarische Arbeit, die mir in meinem Gesundheitszustand sehr schwerfällt und an meinen Kräften zehrt. Im
übrigen machen mir die Ärzte Hoffnung auf eine Genesung,

was sie damit begründen, daß die Krankheit erworben und nicht ererbt sei.

Ernsthafte und entscheidende ärztliche Hilfe kann ich jedoch nur in Petersburg bekommen, wo es Mediziner gibt, die sich speziell mit der Erforschung von Nervenkrankheiten befassen. Eure Kaiserliche Majestät! In Ihrer Macht stehen mein Schicksal, meine Gesundheit, mein Leben! Geruhen Sie, mir die Übersiedlung nach St. Petersburg zu gestatten, damit ich die hauptstädtischen Ärzte konsultieren kann. Schenken Sie mir ein neues Leben und die Möglichkeit, nach meiner Genesung meiner Familie und vielleicht auf irgendeine Weise auch meinem Vaterland nützlich zu sein! In Petersburg leben zwei meiner Brüder, von denen ich seit zehn Jahren getrennt bin; ihre brüderliche Fürsorge könnte meine schwierige Situation erleichtern. Doch ungeachtet all meiner Hoffnung könnte ein schlimmer Ausgang meiner Krankheit oder mein Tod meine Frau und den Stiefsohn ohne jegliche Unterstützung zurücklassen. Solange auch nur eine Spur von Gesundheit und Kraft in mir ist, werde ich für ihren Unterhalt arbeiten. Doch die Zukunft liegt in Gottes Hand, und menschliche Hoffnungen sind trügerisch. Allerbarmherzigster Herrscher! Verzeihen Sie auch meine zweite Bitte und erweisen Sie mir die höchste Gnade, meinen Stiefsohn, den zwölfjährigen Pawel Issajew, auf Staatskosten in ein St. Petersburger Gymnasium aufzunehmen. […] Sollte es jedoch unmöglich sein, Pawel Issajew in einem Gymnasium unterzubringen, so mögen Sie, mein Herrscher, geruhen, seine Aufnahme in eines der St. Petersburger Kadettenkorps zu befehlen. Sie beglücken damit seine arme Mutter, die ihren Sohn täglich dazu anhält, für das Wohl Eurer Kaiserlichen Majestät und Eures Kaiserlichen Hauses insgesamt zu beten. Sie, mein Herrscher, sind wie die Sonne, die auf Gerechte und

Ungerechte scheint. Sie haben bereits Millionen Ihres Volkes beglückt; beglücken Sie auch noch ein armes Waisenkind, dessen Mutter und einen unglücklichen Kranken, von dem bis zu diesem Augenblick noch nicht der Bann genommen ist und der auf der Stelle bereit wäre, das Leben für seinen das Volk mit Wohltaten überschüttenden Zaren hinzugeben!

Mit dem Gefühl tiefer Ehrfurcht und leidenschaftlicher, grenzenloser Ergebenheit wage ich es, mich als einen der treuesten und dankbarsten Untertanen Eurer Kaiserlichen Majestät zu bezeichnen.

Fjodor Dostojewski

Die Bitte wurde erfüllt: Im Dezember kehrte Dostojewski nach Petersburg zurück – die folgenden vier Jahre schrumpfen in seinen Briefen auf knappe vierzehn Seiten; 1864 aber begannen – mit dem Tod des Bruders – noch einmal sieben magere Jahre. Michail Dostojewski hinterließ Schulden und eine Zeitschrift, von der gerade die erste Nummer herausgekommen war und die der Bruder nun allein weiterführte, bis sie im Jahr darauf einging. Und Dostojewski hatte auf einer Reise in Baden-Baden das Roulette entdeckt. Diese Kombination war fatal und führte dazu, dass Dostojewski Russland, sprich: seine Gläubiger, die ihm mit Schuldgefängnis drohten, verlassen musste.

An seine zweite Frau Anna Grigorjewna in Genf

Saxon les Bains, Sonnabend, 4. April 1868

Mein lieber Engel Njutja, ich habe alles verspielt, kaum angekommen, habe ich in einer halben Stunde alles verspielt. Was sage ich Dir bloß jetzt, meinem Gottesengel, den ich so quäle. Verzeih, Anja, ich habe Dein Leben vergiftet! Und das, wo wir

Sonja haben! [*Die kleine Tochter, am 5. März geboren, starb Ende April an Tuberkulose.*]

Ich habe den Ring weggebracht; sie hat ihn genommen, aber sehr widerwillig, und mir kein Geld gegeben, weil sie angeblich **keins da hat**, sie sagte, ich solle mir um 7 Uhr die Antwort abholen. Jetzt ist es 6¼. Aber sie sagt, mehr als 10 Francs gebe sie nicht. Es ist nur zu offensichtlich, daß sie Angst hat und man ihr Schwierigkeiten macht, d. h. die hiesige Obrigkeit verbietet es ihr. Sie hat sich mir gegenüber verplappert. Ich werde sie anflehen, daß sie nicht 10, sondern 15 Francs gibt. Aber weder mit 15 noch auch mit 20 Francs (die sie sicherlich nicht gibt) kann ich jetzt zurückkommen. Für das Hotel muß ich ja doch wenigstens 17 Francs hinlegen, die Fahrt kostet 8 Francs, das macht 25 F. Und ich habe – nichts, überhaupt nichts, ein paar Centimes.

Wie dem auch sei, Anja, hier kann ich **unmöglich** bleiben. Steh mir bei, mein Schutzengel. (Ach mein Engel, ich liebe Dich **unendlich**, doch mir ist vom Schicksal bestimmt, alle zu quälen, die ich liebe!)

Schick mir soviel Geld wie möglich. Nicht zum Spielen (ich würde es Dir schwören, aber das wage ich nicht, weil ich Dich tausendmal belogen habe). Hier die Rechnung für den schlimmsten Fall, obwohl es vielleicht sogar besser kommt, aber ich nehme den **schlechtesten**, so ist es sicherer:

Wenn Dein Geld übermorgen früh eintrifft, muß ich im Hotel **für vier** Tage bezahlen, also

mindestens	60 F	60 F
für die Fahrt …	10 F	10 F
für die Auslösung des Rings		20 F
insgesamt		90 F

Mein Engel, schicke 100 F. Dir bleiben 20 oder weniger, versetze etwas. Nur schnell zu Dir!

Ich werde nicht spielen. Früher habe ich Deine Briefe (mit dem Geld) morgens erhalten (das letzte Mal vor 9 Uhr), so daß ich sogleich abreisen konnte. Wenn ich diesen auch am Morgen bekomme, hab ich Zeit zur Besinnung und **werde nicht zum Spiel gehen** (es beginnt um 2 Uhr).

– Ich habe das Schlimmste veranschlagt. Und deshalb ist es vielleicht sicher, daß ich gar keine 90 Francs ausgebe. Aber selbst wenn von den **hundert**, die Du schickst, nach allen Abzügen noch **vierzig** Francs bleiben, **werde ich nicht spielen**, sondern Dir alles zurückbringen.

Hör weiter: um 7 Uhr gibt mir dieses Scheusal 10 bis 15 F. Weil ich mit diesem Geld sowieso nichts anfangen kann und das Leben **hier** für mich **entsetzlich** ist, werde ich gehen und sie setzen. Wenn ich wenigstens 10 Francs gewinne, mache ich mich gleich morgen früh, ohne Deinen Brief abzuwarten, zu Euch auf die Reise, und wegen des Briefes gebe ich hier auf der Post unsere Genfer Adresse an, damit man mir, wenn Dein Einschreiben mit den 100 F in meiner Abwesenheit eintrifft, den Brief nach Genf an die dortige Adresse nachsendet.

Das ist die Chance, mit deren Hilfe ich vielleicht schon morgen zurückkehren kann. Doch mein Gott! welch geringe Chance! Verzeih Anja, verzeih Liebe! Wie ekelhaft, wie gemein ich auch bin, ich liebe doch Euch beide, Dich und Sonja (Dein zweites Selbst), mehr als alles auf der Welt. Ohne Euch beide kann ich nicht leben.

Sei um Gottes willen meinetwegen nicht traurig (ich schwöre Dir, daß ich munterer dreinschaue, als Du denkst; und Du liebst mich so sehr, daß Du Dich sicher um mich grämst).

Laß Dir diese hundert Francs nicht leid tun, Anja! Mit denen von Maikow werden wir immerhin 200 haben, und sobald ich ankomme, werde ich einen Vorsatz wahrmachen: Du weißt, daß ich Katkow schreiben muß. Also ich weiß nun, was ich ihm schreiben werde! Du kannst sicher sein, daß ich Hoffnung habe. Ich hatte schon vor drei Tagen diese Absicht.

Verzeih, verzeih mir Anja! Ich küsse Deine Füße, verzeih Deinem Leichtfuß. Und Sonja, Sonja, die Liebe, der Engel!

Oh, mach Dir keine Sorgen um mich! Aber um Dich, wie werde ich mich um Dich ängstigen. Was, wenn es 4 Tage werden anstelle von einem!

Ich umarme und küsse Euch beide, liebe Euch unendlich, paß auf Sonja auf, paß gut auf, der Wirtin und allen andern sag, es **könnte** sein, daß ich erst in **zwei** Tagen komme!

Was soll ich ohne Euch machen!

Ich habe ja noch eine Beschäftigung. Ich werde schreiben oder Briefe nach Rußland verfassen. Aber Du, Du! Du wirst die ganze Zeit weinen! O Anja! was riskiere ich da? Dir könnte die Milch versiegen. Bedaure diese 100 Francs nicht, ich bringe sie wieder ein, wenn ich nur selbst recht bald zu Dir zurückkomme! Ich gehöre für ewig Dir und Sonja, ich vergelte es Dir, vergelte es mit Liebe!

Dein F. Dostojewski

Anja, halte die Forderung von 100 Francs nicht für Wahnsinn. Ich bin nicht wahnsinnig! Und halte mich auch nicht für verdorben: ich werde keine Gemeinheit begehen, Dich nicht betrügen, nicht spielen. Ich verlange sie nur **zur Sicherheit**. Arbeiten werde ich jetzt Tag und Nacht. Als wir in Genf ankamen, im September vorigen Jahres, waren wir in einer noch schlimmeren Lage.

»Bittet um Erlaubnis, ferner literarische Schriften bekannt machen zu dürfen«

FRIEDRICH SCHILLER (1759 –1805)

An den Herzog von Württemberg

Durchlauchtigster Herzog,
Gnädigster Herzog und Herr!
Stuttgart, den 1. September 1782
Friedrich Schiller,
Medikus bei dem löblichen
Generalfeldzeugmeister
von Auge'sches Grenadierregiment
bittet untertänigst um
die gnädigste Erlaubnis,
ferner literarische Schriften
bekannt machen zu dürfen.
Eine innere Überzeugung, daß mein Fürst und unumschränkter Herr zugleich auch mein Vater sei, gibt mir gegenwärtig die Stärke, Höchstdenenselben einige untertänigste Vorstellungen zu machen, welche die Milderung des mir zugekommenen Befehls, nichts Literarisches mehr zu schreiben oder mit Ausländern zu kommunizieren, zur Absicht haben. [*Das Schreibverbot war erfolgt, weil Schiller in den »Räubern« Graubünden das Athen der heutigen Gauner genannt hatte und diese Formulierung trotz Beschwerde mehrerer Schweizer nicht zu widerrufen bereit gewesen war.*] Eben diese Schriften haben mir bishero zu der mir von Eurer Herzoglichen Durchlaucht gnädigst zuerkannten jährlichen Besoldung noch eine Zulage von fünfhundert und fünfzig

Gulden verschafft und mich in den Stand gesetzt, durch Korrespondenz mit auswärtigen großen Gelehrten und Anschaffung der zum Studieren benötigten Subsidien ein nicht unbeträchtliches Glück in der gelehrten Welt zu machen. Sollte ich dieses Hilfsmittel aufgeben müssen, so würd ich künftig ganz außer Stand gesetzt sein, meine Studien planmäßig fortzusetzen und mich zu dem zu bilden, was ich hoffen kann zu werden.

Der allgemeine Beifall, womit einige meiner Versuche von ganz Deutschland aufgenommen wurden, welches ich Höchstdenenselben untertänig zu beweisen bereit bin, hat mich einigermaßen veranlaßt, stolz sein zu können, daß ich von allen bisherigen Zöglingen der großen Karlsakademie der erste und einzige gewesen, der die Aufmerksamkeit der großen Welt angezogen und ihr wenigstens einige Achtung abgerungen hat – eine Ehre, welche ganz auf den Urheber meiner Bildung zurückfällt! Hätte ich die literarische Freiheit zu weit getrieben, so bitte ich Eure Herzogliche Durchlaucht alleruntertänigst, mich öffentliche Rechenschaft davon geben zu lassen, und gelobe hier feierlich, alle künftigen Produkte einer scharfen Zensur zu unterwerfen. Noch einmal wage ich es, Höchstdieselbe auf das submisseste anzuflehen, einen gnädigen Blick auf meine untertänigste Vorstellung zu werfen und mich des einzigen Wegs nicht zu berauben, auf welchem ich mir einen Namen machen kann.

Der ich in aller devotester Submission ersterbe

Eurer Herzoglichen Durchlaucht untertänigst treugehorsamster

Friedr. Schiller, Regimentsmedikus

Der Herzog verweigerte die Annahme des Briefes. Schiller musste am 22. September außer Landes fliehen.

Zu Ew. Königlichen Majestät Gerechtigkeit und Gnade flüchte ich mich nun«

HEINRICH VON KLEIST (1777–1811)

An Friedrich Wilhelm III.

Großmächtigster, Allergnädigster König und Herr,
Ew. Königlichen Majestät erhabenem Thron unterstehe ich
mich, in einem Fall, der für mein ferneres Fortkommen im Vaterlande von der höchsten Wichtigkeit ist, mit folgender un-
tertänigsten Bitte um allerhöchste Gerechtigkeit, zu nahen. Sr.
Exzellenz, der H. Staatskanzler, Freiherr v. Hardenberg, ließen
mir, im November vorigen Jahres, bei Gelegenheit eines in dem
Journal: das Abendblatt, enthaltenen Aufsatzes, der das Unglück hatte, denenselben zu mißfallen, durch den damaligen
Präsidenten der Polizei, H. Gruner, und späterhin noch einmal
wiederholentlich durch den H. Regierungsrat von Raumer, die
Eröffnung machen, daß man dies Institut mit Geld unterstützen wolle, wenn ich mich entschließen könne, dasselbe so, wie
es den Interessen der Staatskanzlei gemäß wäre, zu redigieren.
Ich, der keine anderen Interessen, als die Ew. Königlichen Majestät, welche, wie immer, so auch diesmal, mit denen der Nation völlig zusammenfielen, berücksichtigte, weigerte mich anfangs, auf dieses Anerbieten einzugehen; da mir jedoch, infolge
dieser Verweigerung, von seiten der Zensurbehörde solche
Schwierigkeiten in den Weg gelegt wurden, die es mir ganz unmöglich machten, das Blatt in seinem früheren Geiste fortzu-
führen, so bequemte ich mich endlich notgedrungen in diesen

Vorschlag: leistete aber in einem ausdrücklichen Schreiben an den Präsidenten, H. Gruner, vom 8. Dez. v. J. auf die mir angebotene Geldunterstützung ehrfurchtsvoll Verzicht, und bat mir bloß, zu einiger Entschädigung, wegen beträchtlich dadurch verminderten Absatzes, der zu erwarten war, die Lieferung offizieller das Publikum interessierender Beiträge von den Landesbehörden aus. Von dem Augenblick an, da Sr. Exzellenz mir dies versprachen, gab das Blatt den ihm eignen Charakter von Popularität gänzlich auf; dasselbe trat unter unmittelbare Aufsicht der Staatskanzlei, und alle Aufsätze, welche die Staatsverwaltung und Gesetzgebung betrafen, gingen zur Prüfung des H. Regierungsrats von Raumer. Gleichwohl blieben jene offiziellen Beiträge, ohne welche, bei so verändertem Geiste, das Blatt auf keine Weise bestehen konnte, gänzlich aus; und obschon ich weit entfernt bin, zu behaupten, daß Sr. Exzellenz Absicht war, dies Blatt zugrunde zu richten, so ist doch gewiß, daß die gänzliche Zugrundrichtung desselben, infolge jener ausbleibenden offiziellen Beiträge, erfolgte, und daß mir daraus ein Schaden von nicht weniger als 800 Thl. jährlich erwuchs, worauf das Honorar mit meinem Verleger festgesetzt war. Wenn ich nun gleich, wie schon erwähnt, anfangs jede Geldunterstützung gehorsamst von mir ablehnte, so war doch nichts natürlicher, als daß ich jetzt, wegen des Verlusts meines ganzen Einkommens, wovon ich lebte, bei Sr. Exzellenz um eine Entschädigung einkam. Aber wie groß war mein Befremden, zu sehen, daß man jene Verhandlungen mit der Staatskanzlei, auf welche ich mich berief, als eine lügenhafte Erfindung von mir behandelte und mir, als einem Zudringlichen, Unbescheidenen und Überlästigen, mein Gesuch um Entschädigung gänzlich abschlug! Sr. Exzellenz haben nun zwar, auf diejenigen Schritte, die ich deshalb

getan, in ihrem späterhin erfolgten Schreiben vom 18. April d.
J., im allgemeinen mein Recht, eine Entschädigung zu fordern,
gnädigst anerkannt; über die Entschädigung selbst aber, die
man mir durch eine Anstellung zu bewirken einige Hoffnung
machte, ist, so dringend meine Lage auch solches erfordert,
bis diesen Augenblick noch nichts verfügt worden, und ich dadurch schon mehr als einmal dem traurigen Gedanken nahe
gebracht worden, mir im Ausland mein Fortkommen suchen
zu müssen. Zu Ew. Königlichen Majestät Gerechtigkeit und
Gnade flüchte ich mich nun mit der alleruntertänigsten Bitte,
Sr. Exzellenz, dem H. Staatskanzler aufzugeben, mir eine Anstellung im Zivildienst anweisen zu lassen, oder aber, falls eine
solche Stelle nicht unmittelbar, wie sie für meine Verhältnisse
paßt, auszumitteln sein sollte, mir wenigstens unmittelbar ein
Wartegeld auszusetzen, das, statt jenes besagten Verlusts, als
eine Entschädigung gelten kann. Auf diese allerhöchste Gnade
glaube ich um so mehr einigen Anspruch machen zu dürfen,
da ich durch den Tod der verewigten Königin Majestät, welche
meine unvergeßliche Wohltäterin war, eine Pension verloren
habe, welche Höchstdieselbe mir, zu Begründung einer unab-
hängigen Existenz und zur Aufmunterung in meinen literarischen Arbeiten, aus ihrer Privat-Chatouille auszahlen ließ.

Der ich in der allertiefsten Unterwerfung und Ehrfurcht er-
sterbe,
Ew. Königlichen Majestät, allerunterthänigster
Heinrich von Kleist.
Berlin, d. 17. Juni 1811
Mauerstraße N. 53

»Gotteswillen mehr sofort«

IRMGARD KEUN (1905–1982)

Als die Witwe Marjory Strauss irgendwo in Amerika zwölf Jahre nach dem Tod ihres Mannes Arnold auf der Suche nach irgendeinem biografischen Detail die große Truhe mit den Papieren öffnete, die er hinterlassen hatte, kam ihr mit Wucht die deutsche Vergangenheit entgegen, die der 1933 wegen seiner jüdischen Abstammung emigrierte, seit 1935 in den USA lebende Arzt dort nach dem Tod seiner Eltern (sie begingen am 5. September 1940 Selbstmord in Den Haag, weil sie kein Visum für Amerika mehr bekamen) begraben hatte. Hunderte von Briefen aus Deutschland und nach Deutschland lagen gebündelt in dieser Truhe, an die Eltern, von den Eltern und: 268 Briefe und 79 Telegramme von der »Verlobten«. Nun war aber diese Verlobte niemand anders als die Schriftstellerin Irmgard Keun gewesen. Tapfer wischte sich Marjory Strauss die Tränen ab und machte sich an die Exhumierung der Geschichte. Was dabei herauskam, ist unter dem Titel »Irmgard Keun. Ich lebe in einem wilden Wirbel. Briefe an Arnold Strauss 1933–47« erschienen, und dieses Buch ist atemberaubend.

Der eher konventionelle Arzt und die eher exzentrische, übrigens anderweitig verheiratete und längst noch nicht geschiedene Schriftstellerin lernten sich 1933 kurz vor Arnold Strauss' Emigration in Berlin kennen. Ich weiß jetzt übrigens auch, wen ich heiraten möchte, *schrieb Strauss kurz darauf an seine Eltern. Es sollte mitnichten so kommen, denn von dem Moment an tun vier Personen – Keun, Strauss und dessen Eltern – im Grunde nichts anderes,*

als abwechselnd oder auch alle gemeinsam diese Heirat zu hinter-
treiben, von der gleichwohl andauernd (bis 1940) die Rede ist. 1941
hat Strauss tatsächlich geheiratet: eben jene Marjory, die später den
Blick in die Truhe tat. 1941 waren seine Eltern tot. Irmgard Keun
lebte illegal und versteckt in Deutschland.

Die sonderbare Liebes-, Getrenntsein-, Faschismus- und Exilge-
schichte zwischen Irmgard Keun und Arnold Strauss war auch – und
auf so handfeste und stabile Weise, dass einem manchmal beim Le-
sen die Spucke wegbleibt – eine Geldgeschichte, man könnte versucht
sein, in Irmgard Keun unter anderem eine intelligente und gerissene
Heiratsschwindlerin zu sehen, die den fernen Bräutigam zahlen ließ,
während sie in Amsterdam mit Joseph Roth ein alkoholisiertes Lotter-
und Schreibleben in überteuerten Hotels führte. Zum Beispiel:

Ostende, den 21.7.1937

[…] Bete jetzt nur, daß mit dem amerikanischen Verleger alles klappt. Und schicke! Ich **will** jetzt nicht in Not sein, ich
darf jetzt nicht in Not sein. Versteh mich doch, mein Liebling.
Es handelt sich jetzt nicht um »Ich weiß nicht wofür«. – Ich
möchte – muß – anständig angezogen sein, wenn dieser Verleger kommt. Ich brauche unbedingt ein Kostüm, einen Hut und
drei damenhafte Blusen. – Könntest Du mir übrigens nicht
eine Bluse schicken? Im Briefumschlag – so wie einen Schal?
Sie müßte aus *dünnem*, weißen Seidenstoff sein, lange Ärmel
haben und einen spitzen Halsausschnitt. Am besten aus Crèpe
Georgette. – Du müßtest eine sehr große und weite Bluse nehmen, wie für eine ganz dicke Dame, weil ich dann ändern kann,
was mir nicht paßt oder gefällt.
Jetzt muß ich arbeiten.
Schreib. Küsse, viele   Deins

Irmgard Keun war aber in Not. Dennoch - wie übrigens auch ihre »Nichtschwiegereltern« - hing sie viel zu sehr und verzweifelt an diesem zusammenbrechenden Europa, als dass sie ihre europäische Not gegen ein amerikanisches Biederleben, das ihr durch die Ehe mit Arnold Strauss verheißen war, eingetauscht hätte: Nach Europa werde ich immer Heimweh haben, alle meine geistigen und literarischen Interessen liegen in Europa. [...] ich würde das Gefühl nicht aushalten, für Jahre in einer amerikanischen Provinzstadt begraben zu sein, *schrieb sie 1937, und schon zwei Jahre vorher hatte sie klargestellt:* Ich werde auch unter keinen Umständen nach Amerika gehen, ehe ich nicht alles versucht habe, vorher noch in Deutschland resp. Europa eine neue berufliche Grundlage geschaffen zu haben.

Fest steht, dass Strauss Irmgard Keun zunächst unregelmäßig, ab 1935 regelmäßig Geld geschickt hat - ob als ungedeckte Wechsel auf eine ungewisse gemeinsame Zukunft, ob als symbolischen Preis für sein Entronnensein aus dem europäischen Hexenkessel, in dem er immerhin die drei ihm am nächsten stehenden Menschen wusste, oder - um 268 Briefe und 79 Telegramme von einer klugen und faszinierenden Frau zu erhalten; niedliche, kokette, freche, pampige anfangs, und später unglückliche, dramatische, verzweifelte, auch Hilferufe (Komm, komm, komm, und hole mich zu Dir, wenn Du mich liebhast). *Und gewiss hat er sich mit diesen Zahlungen die Frau, die es verabscheute, so abhängig zu sein, rigoros vom Leib gehalten, ohne doch die Bindung über den Teich zerschneiden zu müssen? zu können? zu wollen?*

1935 war Strauss noch in Europa, einige Male auch heimlich in Deutschland, um Irmgard Keun zu treffen.

Köln, den 1.6.1935

Mein liebes Kleines, bin gerade in Köln angekommen. […]
Furchtbares Durcheinander im Haus, in meinem Zimmer kein
Licht, kann nicht arbeiten – **muß** aber für Frankfurter Illus-
trierte bis Ende der Woche eine längere Geschichte machen,
die sie mir gestern in Auftrag gegeben haben. Dieses Hin und
Her jetzt macht mich ganz verrückt. Außerdem habe ich keinen Pfennig Geld. Ich will nun am Montag mit Sack und Pack
schon immer nach Bonn fahren. Ich gehe da in das Hotel am
Bahnhof. Ein Tag allein dort ist mir ganz angenehm zum Arbeiten. Schreibe oder telegrafiere dann Deine Ankunft […] Und
dann mußt Du sehen, daß ich bis Montag nachmittag Geld
habe! Das Geld muß nämlich nach **Köln** gehen […] Weil man
mich dort kennt und mir das Geld auszahlt. In Bonn tut man
das nicht, weil ich ja keinen Paß habe. Habe ihn übrigens in
Frankfurt beantragt und werde ihn auch wohl in ca. 4 Wochen
kriegen. –

Kleines, **bitte**, sorge, daß am Montag auf telegrafischem
Wege Geld da ist. Telegrafiere mir auch schon nach Köln, wann
Du in Bonn sein wirst. Telegrafiere aber **nur** Zeit und Warte-
saal. Erwähne das Wort Bonn nicht und nichts Persönliches,
weil die Post mich hier kennt. – Die Westdeutsche hat jetzt die
Bilder von drei Frauen gebracht, die mit Juden liiert waren. Mit
Namen, Adressen und allem Kommentar. […]

Moselkern, den 31.9.1935

[…] Ich komme auch so allein nicht gut zurecht, vor allem natürlich mit dem Geld nicht. […] Ich kann mir gar nicht vorstellen, was ich jetzt ohne Dich machen würde – so viel hat sich
seit Deiner Abreise geändert, Kleines. Wenn Du kannst, schicke mehr, weil ich sonst gar nicht weiß, wie ich nach Frankfurt

übersiedeln soll. […] Dabei habe ich Dich immer weniger lieb,
je mehr ich jetzt angewiesen bin auf Dich und Dich brauche.
– Jetzt kommen schon die Rias [*die Periode*], und die entsprechenden Depressionen sind schon da. Aber auch sonst bin ich
oft so traurig und gehetzt – und davon darf **nichts** in meine
augenblicklichen Arbeiten kommen – die müssen ganz leicht
und heiter und unbitter sein – nur dann kann das, was ich sagen will, wirken […] In ca. 3 Monaten will ich nach Holland.
Jetzt wird's schon wieder dunkel – die Lichter im Fluß sehen so
hübsch aus. Wieviel Häuser sind denn in Montgomery? Gibt es
auch Hotels und Pensionen und ulkige Lokale? Es muß Lokale
geben, in die ich allein gehen kann. Wenn man es dort nicht
tut, führe ich es ein – und wenn keine Lokale da sind, mußt
Du welche bauen. Wenn man gut und natürlich schreiben will,
kann man nicht leben wie eine artige Gesellschaftsdame – das
mußt Du nie wollen. Ich will einen neuen Erfolg haben, ehe ich
komme, denn dann darf man auch für die Idiotischen anders
sein. […]

Frankfurt, den 28.2.1936

[…] Man hat mich nach Amsterdam eingeladen wegen Vertrag
und so. Wenn alles klappt, bin ich in ca. 6–8 Wochen da, verdiene Geld, mein Kinderband erscheint im Mai – wir wären einen großen Schritt weiter. Roman käme zum Herbst raus. Ich
muß nur sehr arbeiten. Halt mir den Daumen, daß diesmal was
klappt.

Ich hätte auch so **wahnsinnig** gern Geld für etwas Früh-
jahrsgarderobe, ich habe da rein gar **nichts** mehr anzuziehen.
Hier arbeitet man weiter in meinen Interessen [*in der Hoffnung,
weiter in Deutschland leben und arbeiten zu können, hatte Irmgard
Keun ihre Aufnahme in die Reichsschrifttumskammer beantragt*]

– immer noch erfolglos. Ist vielleicht gut so. – Karneval traf ich zufällig in einer Konditorei ein bekanntes Pünktchen [= *unaussprechlich* = *Jude*], schon älter, und hab' mit ihm leichtsinnigerweise gebummelt. Er sagte später: Für so einen Abend hätte es sich gelohnt zu leben. Todernst, dankbar und glücklich. Du Amerikaner kannst unser Leben gar nicht mehr fühlen. So ein harmloser Abend kann so teuer werden für einen, der nicht viel hat – vielleicht müssen sie eine kleine Speicherwohnung beziehen. Sie wissen es auch, aber die Lebenslust ist stärker.

                                          Salzburg, den 22.4.1937

[…] Salzburg ist sehr schön, aber gestopft voll mit Nazis. Ich bin viel mit der Frau Zweig zusammen, die wirklich reizend und sehr lieb zu mir ist. Der Stefan Zweig ist momentan in London, kommt aber in den nächsten Tagen her. Ich mag ihn ja nicht. Die Frau ist viel netter. Dann ist noch der Zuckmayer hier in Salzburg, den ich auch nicht leiden kann […] Kannst Du mir am Ersten telegrafisch 100 Dollar schicken? Bitte schicke mir sofort, was Du kannst. Es wäre schrecklich, wenn ich keinen Vertrag hätte bis zum Ersten. Und müßte betteln und jede Konzession machen. Bitte laß mich keinen Tag, keine Stunde warten.

12. 6. 1937: SCHEIDUNG PERFEKT LETZTMALIG HUNDERT SOFORT AMSTERDAM CITY HOTEL DEINS.

                                          Ostende, den 3.8.1937

Ekelhaftes! Heute ist Dienstag. Du hast mir telegrafiert, daß Du am Samstag 70 schicken würdest. Bis heute ist nichts gekommen. Mir ist furchtbar übel. Ich werde unwohl. Ich habe nichts zu essen. Ich habe Angst vor den Hotel-Leuten. Wegen

Rechnung. Das Briefpapier kam am Sonntag. Zuerst hat es
meinen Augen weh getan. Jetzt regt es mich an, Dir zu schreiben. – Ich wünschte, ich könnt' bald mit Dir sprechen. – Mein
Kleines, mein Liebes – mein Ekelhaftes. Du schreibst mir sehr
wenig. Bist du treu? Hast Du so ein gutes Gewissen wie ich? Ich
zweifle manchmal. Wenn Du mich betrogen hast, möchte ich
Dich nicht wiedersehen. Denke an mich, Kleines. Habe mich
lieb, und schreibe mir wieder jeden Tag. Ich küsse Dich.
D[eins]

*Der folgende Brief den ich seiner verlogenen Infantilität wegen am
liebsten nur mit der Beißzange anfassen würde, ist eine Rarität: der
einzige Brief von Arnold Strauss an Irmgard Keun. Er ist einfach deshalb erhalten, weil es der Empfängerin bei seinem Erhalt ebenso ging
wie mir, und da hat sie ihn zurückgeschickt, anstatt ihn, wie all die
anderen, wegzuschmeißen.*

Norfolk, July 27, 1937

Mein Kleines,

es ist wirklich schlimm mit dem Geld. Ich habe mein letztes
ausgegeben, um Dir das Telegramm zu schicken: Als ich Wil-
son um 2 Dollar anpumpen wollte, gestand er, daß er mich um
20 fragen wollte, was keine Entschuldigung war. Das kleine
Pekinesische [*Niedliche*] **muß** einfach lernen, weise zu sein.
Es ist nicht die geringste Hoffnung, daß ich Dir während der
nächsten Monate schicken kann. Meine Eltern kommen mit
10 Mark herüber. Zuerst kommt die Reise von New York nach
Norfolk, dann wohnen, essen hier, etwas Abwechslung muß ich
ihnen schließlich auch bieten. Ich habe außer der Lebensversi-
cherung nicht einen Cent Ersparnisse, von denen ich nehmen
könnte. Alles hat das Kleine ausgegeben. Und schließlich ha-

ben auch meine Eltern ein Recht, nachdem das Kleine mindestens 2000 Dollar (5000 Mark klingt noch besser) bekommen hat, es ist sicher mehr, einen oder zwei Monate auf meine
Kosten zu leben, nachdem sie einige Jahrzehnte für mich gesorgt haben. Man muß doch mit 300 Gulden im Monat leben
können, wenn ich mit 120 Gulden in dem teureren Holland
habe leben können, als meine Verwandten nicht da waren. [...]
Also, bitte, bitte, bitte Kleines – sei weise. Deins fühlt ebenso
schrecklich, wenn es nicht helfen kann, als Meins, wenn es in
der Patsche ist. Wenn Du herkommen könntest, könnte ich Dir
weder das Fahrgeld schicken noch die 500 Dollar hinterlegen,
um die die Einwanderungsbehörde gelegentlich fragt. Weil Du
so gewöhnt bist, immer alles zu bekommen, hast Du Dir an-
gewöhnt, schrecklich unvorsichtig mit Geld zu sein, und Du
mußt jetzt vernünftig sein, weil ich Dich erbarmungslos während der nächsten Monate in der Patsche sitzenlassen muß.
Rechne Dir doch am Ersten des Monats aus, was Du fürs Leben brauchst, zahle die Hotelrechnung besser im voraus oder
tue irgend etwas. Mein Kleines, Liebstes soll nicht denken, daß
das ein böser Brief ist. Ich helfe doch gerne und hab' wirklich
gut für mein Kleines gesorgt, und tausend Dinge, die ich gern
hätte, habe ich mir nicht geleistet und war gar nicht traurig,
weil es für Meins war. Aber es ist doch alles so sinnlos, ob ich
100 Mark oder 150 Dollar schicke, ob Du 100 oder 300 Gulden hast, es ist dasselbe und ist doch keine Hilfe, und wenn ich
400 schicken könnte, wäre es auch nicht besser. Bitte, Liebstes,
erspare mir die nächsten Monate das Telegramm »Ausgeschlos-
sen« oder »Unmöglich« als Antwort auf einen Notschrei. Bitte,
bitte.

Komm bald. Es ist die einzige Lösung. Wenn Du doch nur
nicht noch mit einem Roman angefangen hättest. Wenn Du

noch einen mehr in Europa schreibst, verklage ich Dich auf Rückzahlung aller gesandten Gelder anstelle weiterer Sendungen. Bekommt es schreckliche Depressionen? Ist es böse, jüdisch und keins? Ach mein Babylein, mein Unmündiges, wenn ich Dich doch hier hätte. Hier kann ich aufpassen, und es gibt keine Nöte und Aufregungen und Verzweiflungen. Anstelle geldgieriger Wirte und Blindschleichen [*Gläubiger*] kann man Depressionen fortwedeln, und Meins kann trotzdem Ichweißnichtwofürs haben und darf auch im Krankenhaus kleine coloured babys besuchen, aber nicht verängstigen, sie sind nämlich schrecklich verwöhnt und haben immer ihren Willen und schreien sonst sofort.

Deins hat am 9. September Geburtstag und wünscht sich einen langen Brief, der muß am 20. August geschrieben sein und selbst eingeworfen und will alles vom Leben von Meinem wissen, und wann Du kommst. Und soll schreiben und bekommt dann auch viele Briefe und ganz liebe. Und wird in Gedanken so lieb gestreichelt und wunderschöne Küsse geküßt, viele tausend, und möchte es doch haben und Verwöhnmensch sein. Deins

Im Jahr 1938 hat Irmgard Keun Arnold Strauss mit einem Touristenvisum besucht. Schon vorher waren seine Eltern drüben. Alle drei sind nach Europa zurückgekehrt. Kurz vor der Reise:

Nizza, den 4.2.1938

[…] Ich muß mir **unbedingt** noch ein paar Sachen zur Reise kaufen. Es wäre ein Jammer, wenn ich mir in Frankreich nichts mehr kaufen könnte – wo alles dreimal billiger ist. Für fünf Dollar kann ich die herrlichste Bluse haben und für 35 Dollar ein wirklich schönes Jackenkleid. Dann brauche ich noch zwei

Sommerkleider, einen Hut, Handschuhe, Strümpfe, Schlüp-
fer, ein Nachthemd, eine Tasche. Bitte mache das doch möglich. Mit 130 Dollar komme ich gut ausgestattet dort an, daß
ich ein bis zwei Jahre überhaupt nichts mehr nötig habe. Dafür
verspreche ich, ein wilder Feind aller Verkaufsvamps zu sein
und keine Schulden zu machen. Ich würde dafür auch zweiter
Klasse fahren, wenn es nicht anders geht. Ich bin furchtbar auf-
geregt, habe große Sehnsucht nach Dir und kann nun die Abreise selbst nicht mehr erwarten. Ich erwarte hier in Nizza [...]
Dein Antworttelegramm auf diesen Brief. Drahte mir einen
Kuß und ob ich zweiter oder erster Klasse fahren kann. [...]
Genügt mein Paß, um zu heiraten? Das Scheidungsurteil habe
ich ja. Was brauche ich sonst noch? Geburtsschein? Taufschein?
Wirst Du sehr lieb mit mir sein und mich sehr verwöhnen? Ich
brauche das so. Mein Kleines wird auch ganz gesund werden,
und wir werden sehr glücklich sein. Alles Weitere mündlich!
Ich küsse Dich, ich habe Dich lieb.
Deins

Antworttelegramm von Arnold Strauss: FAHRE MÖGLICHST
TOURISTKLASSE GELDQUELLEN ERSCHÖPFT.

*Aber er hat überwiesen. Und geheiratet haben sie nicht. 1939, ein Vier-
teljahr vor Ausbruch des Krieges, wurde es sowohl für Irmgard Keun
wie auch für die Eltern von Arnold Strauss, die mittlerweile in Den
Haag angekommen waren, lebenswichtig, Europa schleunigst zu verlassen – egal, wie. Egal wie, das hieß: sofort, auf der Stelle, mit einem
befristeten Besuchervisum, das später von Kanada aus in eine dau-
ernde Aufenthaltsgenehmigung hätte umgewandelt werden können.
Die legale Einwanderung in die USA war vorübergehend gesperrt
und wurde später so kompliziert, dass es fast unmöglich geworden*

war, Europa auf seriöse Weise zu verlassen. Auf dem Konsulat riet man Irmgard Keun (für ihre Eltern galt natürlich dasselbe), auf jeden Fall sofort das Tourist-Visum wenigstens zu nehmen. *Aber – und jetzt kommt der ungeheuerliche Satz, der schlagartig beleuchtet, warum Arnold Strauss die Truhe mit all den Briefen nie mehr hat öffnen mögen, Irmgard Keun schreibt weiter:* Ich habe [...] trotzdem gewartet, da **Du so streng dagegen schriebst** *(Hervorhebung von mir, B. V.) Plötzlich, in einem Moment größter Gefahr für seine drei Nächsten, zögerte Strauss. Und er zögerte jedenfalls nicht, weil er etwa schlecht informiert gewesen wäre über die Visa-Praxis der USA:* In seinem Nachlaß finden sich die entsprechenden Auskünfte der amerikanischen Einwanderungsbehörde, *schreibt Marjory Strauss. Als sich Arnold Strauss – zu spät – endlich doch entschließen konnte, ein Besuchervisum zu beantragen, hatten seine Eltern,* tieftraurig über Deine Fehleinschätzung, *die Hoffnung aufgegeben.*

Irmgard Keun im Mai 1939:

Diesmal scheint's ernst zu werden. Es ist grauenhaft, hier in Amsterdam zu sein und eingesperrt zu warten – auf was? Krieg, Tod, Qual, Konzentrationslager? [...] Vielleicht oder sicher wäre es besser gewesen, überhaupt nicht auf das Quota-Visum zu warten, sondern mit einem Tourist-Visum zu Dir zu fahren. Aber Du wolltest es ja so. Und daß Du es so wolltest, erscheint mir jetzt manchmal fast als Mord.

An ein Zusammenkommen ist von dem Augenblick an nicht mehr zu denken. Bis März 1940 hat Irmgard Keun noch lange Briefe nach Amerika geschrieben. Arnold Strauss muss ihr, nun die Trennung endgültig ist, energische Vorwürfe wegen des Geldes gemacht haben, auf die sie energisch antwortet:

Deine Vorwürfe sind ungerecht und unverschämt. Ich war oft leichtsinnig, aber ich bin kein Schwein. Ich habe keine Einnahmen gehabt, nicht einen Cent.

Oder:

[…] seit langem, seit **sehr** langem, war ich nicht mehr aus Leichtsinn in Not. **Und es war noch nicht einmal einfach nur Not**, sondern wirklich Lebensgefahr.

Bevor die Verbindung dann endgültig abbrach, gab es noch Telegramme:

13.2.1940: TODESNOT SOFORT SIEBZIG.

17.2.: LIEBSTES SEKÜNDLICH NOCH MÖGLICHSTES SONST VERLOREN.

19.2.: GOTTESWILLEN MEHR SOFORT.

Und das letzte:

9.5.: FLEHE VOR PFINGSTEN.

»Erbarmen Sie sich und retten Sie mich vor dem Untergang!«
EDGAR ALLAN POE (1809–1849)

An seinen Stiefvater John Allan

Baltimore, 12. April 1833

Es ist nun mehr denn zwei Jahre her, daß Sie mir Ihren Beistand liehen, und mehr denn drei, seit Sie mit mir sprachen. Ich hege nur wenig Hoffnung, daß Sie diesem Briefe noch irgend Beachtung schenken werden, doch kann ich mich nicht enthalten, noch einmal einen Versuch zu unternehmen, Ihre Teilnahme für mich zu gewinnen. Wenn Sie einzig erwägen wollten, in welch eine Lage ich versetzt bin, so werden Sie gewißlich Mitleid mit mir haben: – ohne Freunde, ohne alle Mittel, folglich außer Stande, eine Beschäftigung zu erlangen, gehe ich zu Grunde – gehe gänzlich und unbedingt zu Grunde, da ich jeder Hilfe ermangle. Und doch bin ich nicht müßig – noch irgend einem Laster verfallen, noch habe ich mich gegen die Gesellschaft vergangen, wodurch ich ein so hartes Schicksal würde verdient haben. Um Gottes Willen, erbarmen Sie sich und retten Sie mich vor dem Untergang!

E. A. Poe

»Ich bin ganz, ganz tot, in vier Wochen«

JOSEPH ROTH (1894–1939)

STEFAN ZWEIG (1881–1942)

Lieber verehrter Stefan Zweig,
ich wehre mich seit einer Woche dagegen, Ihnen diesen Brief zu schreiben, nach einem Gespräch, das ich jetzt mit Kiepenheuer geführt habe, muß ich es tun. Meine Frau ist soeben noch einmal ins Sanatorium gebracht worden, ich erwarte noch einen Anruf aus Wien. Kiepenheuer kann mir nichts mehr vorstrecken. Ich möchte weg, noch bevor die 3000 Mark von Dr. Horovitz kommen, von denen ich Ihnen gestern geschrieben habe. Jeder Tag ist hier teuer und verloren. Ich bitte Sie um Entschuldigung, es ist mir, als begäbe ich mich in die Gefahr, unsere Beziehungen häßlich zu machen. Ich muß dringend Geld nach Wien schicken, hier bezahlen und weg, weit weg, ich weiß noch nicht wohin. Ich lege hier einen Brief an Dr. Horovitz bei, in dem ich ihn bitte, die 3000 Mark Ihnen zuzuschicken. Und ich bitte Sie, mir einen Teil dieser Summe hierher zu schicken oder auf einem schnelleren Weg überweisen zu lassen. Alle meine Versuche mit meiner Frau sind fehlgeschlagen. Ich bin erschöpft, ich bin wirklich am Ende. Sie werden einem Menschen in meinem Zustand die Plumpheit verzeihen, mit der er eine wirklich edle Beziehung mißbrauchen muß. Ich bin unterbrochen worden. Soeben wurde ich aus Wien angerufen. Es wird wieder eine Umgestaltung nötig sein, ich muß dorthin Geld schicken, meine letzten Reste Ruhe hängen davon ab. […] Entschuldigen Sie die Abruptheit noch, ich muß schließen.
Joseph Roth

Dieser Bittbrief vom 23. September 1930 ist der erste einer sich durch acht Jahre ziehenden Endloskette, die kurz vor Joseph Roths Tod abreißt, als das, was Roth in seiner Hellsichtigkeit sehr früh geahnt hat: die Gefahr, unsere Beziehungen häßlich zu machen, *eingetreten ist. Unüberhörbar ist der Vorwurf, den Hermann Resten, der Freund von Joseph Roth in der Zeit des Exils und Herausgeber seiner Briefe, noch dreißig Jahre nach dessen Tod gegen Zweig erhebt. Zweig habe Roth* bescheidene Geldsummen »geliehen« und geschenkt, recht bescheidene, wenn man weiß, wieviel Stefan Zweig hinterlassen hat, *schreibt er im Vorwort zu dieser Ausgabe, und weiter:* Auch ärmere deutsche Dichter halfen ihren notleidenden Kollegen, wie etwa Walter Hasenclever, der durch viele Jahre, auch im Exil, seinen Freund Rudolf Leonhard ausgehalten hat. Zweig ist mit seinem ganzen literarischen Gewicht für Roth eingetreten. Zweig hat auf noble Weise mit seinem Einfluß wie mit seinem Geld zahlreichen Schriftstellern in vielen Ländern geholfen. Roth war unter all diesen der Autor, den Zweig für das Muster eines wahren Poeten hielt, und da war Zweig ein solventer, aber sparsamer Mäzen.

Beim Lesen der Briefe bin ich oft Partei gewesen – für Roth, der mit seiner schrecklichen Prognose – ich gehe unter – gegen alle Appelle und den oft verzweifelten Optimismus seines Freundes Zweig so Recht behalten hat. Dann aber habe ich andersherum gedacht: Welche Bedrohlichkeit in der gleichzeitigen Wucht und Aufgelöstheit der Roth-Briefe liegt und woher wohl Zweig die Geduld und Besonnenheit genommen haben mag, mit der er sich jahrelang dem Strudel von Not ausgesetzt hat, der mit jedem Brief bei ihm angekommen ist, zum Wundern ist es dann, dass der Selbstschutz nicht früher eingesetzt hat: die Distanz, die nach dramatischem Bruch 1938 nicht mehr anders als eine höflich-totale sein konnte. Man darf, wenn im Briefwechsel zwischen Roth und Zweig immer wieder von – Roths

– selbstzerstörerischen Neigungen die Rede ist, nicht vergessen, dass Stefan Zweig sich 1942 umgebracht hat. Der folgende Dialog hat so nicht stattgehabt; um die Dramatik der beiden Lebenspläne und -haltungen und wie sie aneinandergerieten zeigen zu können, habe ich Briefstellen herausgezogen und montiert.

ROTH: Wie ungern ich mich wieder an die Zeitung gebunden habe, kann ich Ihnen kaum sagen. Was aber sollte ich tun. Ich lebe seit drei Wochen von geliehenem Gelde. Ich weiß mir keinen anderen Rat, als das Abkommen mit der Frankfurter Zeitung. Vielleicht wissen Sie nicht, was es heißt, einen Erfolg nicht erwarten zu können, weil man überhaupt kein Geld hat. (22. September 30).

Eine furchtbare Lage, nie mehr als 50 Mark in der Tasche zu haben. Es ist für mich dringend nötig, für meinen Frieden, daß Sie mir schreiben, auch wenn es Ihnen widersteht, daß Sie mir die 2000 Mark bis Februar März noch stunden. Sie hatten ganz Recht: ich habe den Kopf verloren, kann nicht mehr rechnen, es sind astronomische Zahlen, die mich jetzt bedrängen, und ich begehe einen Betrug nach dem andern. (20. November 1930)

ZWEIG: Mein lieber Freund, fühlen Sie nicht, daß ich leide, weil ich Sie – auch in den Zeiten da Sie ein Schwerverdiener waren – immer nur zwanghaft an das Geld denken sah, **ohne** wirklich **geldgierig** zu sein. (Juli 1934)

ROTH: Sie schreiben, Gott möge mich vom Geld erlösen. Umgekehrt, mein teurer Freund! Gott gebe mir Geld, sehr viel Geld! Denn in der Welt von heute ist das Geld kein Fluch mehr, die Armut kein Segen mehr. Das ist – flach gesagt – »Romantik«. Ich brauche Geld! Ich schreibe mit Geld, ich mache sechs oder sieben Menschen fruchtbar durch Geld, das ja auch kein

»Gold« mehr ist und also kein Fluch! Es ist ja fiktiv! Real ist ja nur meine Arbeit und das Leben meiner Nächsten! Und die Menschen, die – außer meiner armen Frau [*Roths Frau war 1930 in die Irrenanstalt eingewiesen worden, Roth trug die Kosten und hat sich damit, mehr oder weniger gezielt, finanziell ruiniert, da er sich die Schuld für die Erkrankung seiner Frau gab*] neben mir leben, die leben jetzt schon wie »Proletarier«. Aber auch dazu habe ich kein Geld. Ich kann nicht anständig essen. (24. Juli 1933) Ich bin völlig hin. Ich muß doch mindestens essen und wohnen. Ich bin Ihnen, lieber Freund, folgende Summe schuldig – aber ich kann mich vielleicht auch irren: 2000 Mark/4000 Franc fr./ Wollen Sie mir noch etwas leihen? Haben Sie es? Dieses ist plump gesagt. Aber, was soll ich tun? Die Mittellosigkeit macht Einen plump. Und ich kann mit dieser häßlichen Materie keinerlei stilistische Feinheiten machen. Zerreißen Sie diesen Brief, bitte, bestimmt. (6. März 1934) Ich weiß, daß es zu den Flüchen des Geldes gehört: es zerstört die edelsten Beziehungen. Aber ich kann mir nicht helfen. Ich lebe in größter Not. (In zum Teil verschuldeter, vielleicht) Sie haben mir nichts darüber geschrieben – bis jetzt – obwohl Sie doch gespürt haben müssen, wie schrecklich es mir ist, daß Sie **darüber** kein Wort verlieren. (26. März 1934)

ZWEIG: Lieber Freund, ich schrieb Ihnen gestern nichts auf Ihre Frage. Aber ich **denke** doch gar nicht an Geldsachen, wenn ich an Sie denke – das ist Ihr persönlicher Complex, von dem Sie sich lossagen müssen. (28. März 1934)

Sehr neugierig bin ich auf Ihren Antichrist. Bitte schicken Sie ihn mir bald zu. Ich will natürlich dann versuchen, was ich dafür tun kann, obwohl ich vom rein Geschäftlichen nicht viel verstehe. (6. April 1934)

ROTH: Lieber treuer Freund, ich mute Ihnen zu viel zu. Ich

schreibe Ihnen heute wieder, obwohl ich Ihnen gestern schon geschrieben habe. […] Es würde Ihnen vielleicht nicht leicht werden – und auch nicht angenehm sein – alle Wahnsinnsakte zu hören, die ich seit Ihrer Abreise aus Paris begangen habe unter dem Eindruck widerlichster Erlebnisse. Ich weiß, wie wenig ein großer Verstand einem kleinen Wahn entgegenkommen kann. Aber ich bitte Sie trotzdem, mir zu glauben, als einem Vernünftigen, der Wahnsinns-Exzesse hat, aber sie kontrolliert und als einem gewissenhaften Freund, der Ihnen das nur schreibt in den Stunden seiner Klarheit. Ich habe mich gedemütigt und erniedrigt. Ich habe Geld geliehen von den unmöglichsten Stellen. Ich habe mich dabei verachtet und verflucht. Aber alles kam davon, daß ich nie in meinem Leben eine sichere materielle Etappe hinter mir gewußt habe, kein Konto, keine Ersparnisse. Nichts, nicht, nur Vorschüsse – Ausgaben, Ausgaben, Vorschüsse, und, solange kein Drittes Reich war, der Verlag. […] Als Sie in Paris waren, hatte ich nur 2000 Francs Schulden. Es sind inzwischen drängende, dringende, schreckliche von 11 000 geworden. Ich habe das Bedürfnis, mich Ihnen gegenüber ganz nackt zu zeigen, wie ich bin, teurer Freund. Sie könnten mich nicht strenger verurteilen, als ich es selbst tue. Auch Sie mißbrauche ich, mit dem verzweifelten egoistischen Recht eines Menschen, der seinen besten Freund gefährdet, wenn er im Ertrinken sich an den Retter klammert. […] Seit Monaten, seit Monaten würgt der Strick an meinem Hals – und daß ich noch nicht erstickt bin, liegt daran, daß immer wieder ein gutmütiger Mensch mir gestattet, einen Finger zwischen den Strick und meinen Hals zu stecken. Und gleich darauf zieht sich der Strick wieder zusammen. Und mit diesem Strick um den Hals arbeite ich 6–8 Stunden täglich. Wenn Sie wüßten, welche Verpflichtungen ich eingegangen bin, würden

Sie mich auslachen. Aber, lieber Freund, ich muß heraus, auf einmal heraus, das Lockern dieses Strickes ist sinnlos, man muß ihn mir abnehmen. Ach, bitte, ich brauche bis Ende August 12 000 Francs, vielleicht gibt sie mir ein englischer Verleger. Vielleicht, vielleicht! Ich arbeite, ich kann ja nichts mehr, als arbeiten, ich kann ja nicht mehr! Bitte, bitte, verlassen Sie mich nicht! Nehmen Sie mir nichts übel! Stellen Sie sich vor, ich läge auf dem Totenbett. (22. Juni 1934)

ZWEIG: Lieber Freund! Nun ist die ganze Sache wieder futsch, aber nicht durch meine Schuld. Ich hatte Sie ausdrücklich gefragt, ob Sie das volle und freie Verfügungsrecht über das Buch haben, nun stellt sich heraus, daß Sie für Ihre nächsten zwei Bücher [...] verpflichtet sind. [...] Wie schade, mein Lieber! Hätten Sie mich doch richtig informiert! Ich habe wirklich mein Bestes getan und war schon ganz am Ziele! (10. Juli 1934)

ROTH: Lieber teurer Freund, ich schreibe Ihnen in höchster Aufregung, eine halbe Stunde, nachdem ich Ihnen telegraphiert habe. [...]

Ich bin ein Opfer – und ich werde als Betrüger angesehen. Ich schreibe Ihnen in höchster Aufregung, ich bin ganz am Ende. Die 40% von den 100 Pfund wären keine Rettung gewesen. Ich bin also am Ende.

Ich habe mein letztes Geld vertelegraphiert. [...] Bitte, es liegt mir daran, meine **Ehre** zu retten. Bitte, helfen Sie mir! Ich kann nichts mehr tun, als diese stammelnden Worte zu wiederholen. [...]Ich bin außer mir, ich bin am Ende meiner Kräfte, ich bin nahe am Selbstmord, zum ersten Mal in meinem Leben.

Ihr J.R.

[…]Ich habe Ihnen immer die Wahrheit gesagt. Was mir an Ihnen nicht gefiel und was mir an Ihnen gefiel. Aber die Not und die Qual und, was mich dermaßen beleidigt und gekränkt und verletzt und zerstört hat, war in der ganzen Zeit, seit der ich Sie liebe, nie so stark, wie jetzt. Und ich sage Ihnen jetzt mit dem Recht des Freundes, der unweigerlich untergeht, daß Sie mir **Unrecht** tun, **Unrecht, UNRECHT!** – Sie haben **NICHT** das Recht mich aus der privaten Kenntnis meiner Person nach der Art zu beurteilen, in der man **(in der Sie auch leider)** andere Menschen, deren äußere Situation der meinen ähnlich sein mag, beurteilen darf. (13. Juli 1934)

ZWEIG: Zufällig wissen Sie selbst, daß ich Ihnen, einem vertrautesten Freunde sagte, (Sie erinnern sich, ich sagte noch: weil Sie ein Trinker sind) ich möchte mit Ihnen über gewisse Dinge persönlicher oder politischer Art nicht sprechen […](28. März 1934)

ROTH: Wenn ich besoffen bin, bin ich auch noch so nüchtern, daß ich genau weiß, wer mich betrügen will, wer nicht. […] Sie sind klug. Ich bin es nicht. Aber ich sehe, was Sie nicht sehen können, weil Ihre Klugheit eben Ihnen erspart, zu sehen. Sie haben die Gnade der Vernunft und ich die des Unglücks. Geben Sie mir keine Ratschläge mehr, helfen Sie mir, oder handeln Sie für mich. Ich gehe unter. (13. Juli 1934)

ZWEIG: Ich beschwöre Sie, tun Sie nichts in diesem Zustand, senden Sie keine Briefe ab, ohne sie zuvor einem Freund zu zeigen, **Sie sind jetzt überreizt**. Telegrafieren Sie überhaupt nicht, betrachten Sie das Telegramm als noch nicht erfunden. Es macht nicht den Eindruck, den Sie wünschen, sondern es schädigt. Es setzt Sie in die Hinterhand, weil man überall Ihre Ungeduld, Ihr Nichtwartenwollen und Nichtwartenkönnen spürt. Ich beschwöre Sie: beruhigen Sie sich. Trinken Sie nicht. Der **Alkohol** ist der Antichrist und das Geld. […] Sie stehlen sich nicht ihren Schatten, sondern machen sich selbst zum Schatten, zum Widerspiel Ihrer selbst durch das Trinken – bitte, Freund, nehmen Sie doch endlich mein Angebot an, vier Wochen sich zu curieren und unter strenger unerbittlicher Aufsicht. (Juli 1934, Fragment)

ROTH: Es ist aus, ich kann seit 3 Wochen keine Zeile schreiben! Sie verlassen Europa, mein einziger wirklicher Freund. Sie werden es verlassen, und ich muß mein Leben 1 Jahr lang sicher haben, und wenn Sie nicht da sind, mit Ihrer Autorität nach außen und gegenüber mir, bin ich aufgeschmissen und erledigt. Versprechen Sie mir Folgendes:

daß Sie mir für 1 Jahr 12 000 Mark versorgen können, bevor Sie abreisen. (Sommer 1934)

ZWEIG: Sie wollen alles rascher, erregter haben als es natürlich geht. Sie wollen Zeit erzwingen, wie Sie Geld erzwingen wollen. […] ich beschwöre Sie seit Jahren **finden Sie sich mit der Tatsache ab, dass man als deutschjüdischer Schriftsteller** heute nur in einmaligen Glücksfällen etwas verdienen kann und sonst wie immer der Beruf des Schriftstellers ein wenig einträglicher ist. Versuchen Sie nicht immer ein Einkommen **erzwingen** zu wollen, das unmöglich ist, dadurch geraten Sie in diese Wucherverträge, in diese Verstrickungen, in diese ewigen Affairen. **Um Gotteswillen, Freund, sammeln Sie sich**, ich habe zum ersten Mal wirkliche Angst um Sie. Sie müssen mit dem Saufen Schluss machen. (Juli 1934) Glauben Sie mir doch, dass ich mir den Kopf zerbreche, Ihnen zu helfen und wenn ich sage, man **kann** es nicht allein mit Geld, Sie *müssen* diese Selbstzerstörungen, diese Selbsterschwerungen aufgeben! **DAS** erschreckt mich jetzt an Ihnen, dass Sie überall Böses, Beabsichtigtes gegen sich sehen und dass das Bösesein also **schon in Ihnen** ist: als Phantasievorstellung und als Gegenwehr, aber von anderen Böses denken, heisst das Gefühl in sich einnisten lassen, wachsen wie einen Krebs, wie ein Geschwür. Nein, Roth, ich **will** das nicht, das sind nicht Sie, das ist – und wenn Sie es hundertmal abstreiten – der Alkohol, der Sie gereizter, zornhafter gemacht hat als Sie es in Ihrem Wesen sind, der Sie dem eigentlichen Roth entfremdet. [...] Nach wie vor glaube ich, dass Sie einmal eine Entziehungscur machen sollten, nur um des **Zwangsaktes** gegen sich selbst willen und gerade weil es noch nicht der Augenblick ist, wo Sie es brauchen, wo man eine solche Entziehung machen **muss**, gerade jetzt wo es nur ein **Sollen** und **Wollen** ist und noch kein **Müssen** wäre der gegebene Augenblick. [...] Und verzweifeln Sie nicht. Sie wissen, daß ich Ihnen, wenn es nötig ist, materiell helfe, aber ich tue es ungern in dieser Form, die Ihnen in den Händen (und an den Lippen) zerfließt. Ich hätte lieber einmal ausgiebig geholfen mit jenen vier Wochen, die für Ihre Gesundheit entscheidend sind. (Juli 1934)

ROTH: Ich sehe die Zeit kommen, in der Sie sich meine Briefe verbeten.

Ich gehe unter, es ist ganz klar.

Ich werde von Ihnen für verrückt gehalten, und ich bin vernünftig.

Ich bin auch nicht gefährdet.

Ich bin nur wütend, wenn man meine Ehre angreift. [...]Da Sie mich nicht sehen, Aug' in Aug', glauben Sie selbstverständlich, ich sei selbstzerstörerisch. [...] Es ist zu spät, in dieser Welt mag ich nicht mehr. (19. Juli 1934)

ZWEIG: An eine Jahressicherung ist nicht zu denken. Hoffentlich gelingt eine Aushilfe zu erhalten. Die Buchhandelsverhältnisse drüben sind arg. [...]

Ich lege Ihnen eine Kleinigkeit bei. Nur dass Sie paar Tage ohne persönliche Sorge sind […] Eiligst Ihr S

Nein, ich lege die Kleinigkeit nicht bei, ich schicke sie Kesten, damit er Ihnen das Nötigste kauft. (Juli 1934)

ROTH: Ich bitte Sie, ich bitte Sie, retten Sie mich, ich gehe bestimmt unter, ich kann nicht mehr mit Haut und Haaren und allen Rechten verkauft sein, ich kann nicht mehr Nacht für Nacht mit wahnsinniger Angst vor dem Morgen, vor dem Wirt, vor der Post aufwachen, glauben Sie doch nicht, wenn Sie mir begegnen, daß ich so lebe, wie ich mich zeige, es ist schrecklich, schrecklich, mein Leben. Ich schleiche herum, wie ein Verbrecher, dem man nachstellt, ich zittere an Händen und Füßen, und werde halbwegs sicher, nachdem ich getrunken habe. Befreien Sie mich von der Unsicherheit und vom Zittern, wenn Sie können, ich brauche nur noch Bier und Wein zum Schreiben, und keinen Schnaps. (Oktober 1935) Ich kann Sie nicht von der freundschaftlichen Pflicht befreien, mich zu retten. Sie erfahren aus dem beiliegenden Brief, daß das Ende nahe ist, wenn nicht schon da. Bitte, nehmen Sie das wörtlich. (20. Januar 1936)

ZWEIG: Lieber Freund […] – ich wußte seit langem, daß Sie nicht auf eine Erhöhung rechnen könnten sondern nur auf ein Herab. Deshalb war ich immer so verzweifelt, daß Sie schon mit den verhältnismäßig höheren Ansätzen nicht auskamen, ich **wußte** mit meinem gräßlich wachen Voraussehen, daß ZUNÄCHST für die Emigration die Curve noch nach abwärts geht (um wieder aufzuschwingen, weil kein Nachwuchs da ist und Männer wie Sie dann erst in das rechte Relief treten, wenn die Überdrängung aufgehört hat).

Aber – ein Plan muß gemacht werden für die nächsten Monate. Sie müssen über den toten Punkt hinweg. […] Aber dann müssen Sie uns auch helfen. Die tägliche Alkoholration MUSS herabgesetzt werden. […] Sie werden uns verfluchen und Schufte nennen, aber es ist nötig um Ihretwillen. Nicht wir allein können Ihren Zusammenbruch aufhalten, Sie müssen mithelfen. Sie müssen sich in den Plan dann einfügen, Sie dürfen (abgesehen von Ihrer Gesundheit) einen gewissen Betrag für Alkohol nicht überschreiten – schon darum, weil es unmoralisch ist für dieses Gesöff mehr auszugeben, als eine normale Familie braucht. Lieber, Guter, bitte, klagen Sie nicht immer die Zeit und die Schlechtigkeit der Menschen an, geben Sie auch zu, daß Sie selbst an Ihrem Zustand schuld sind und helfen Sie uns, daß wir Ihnen helfen können. Erfinden Sie keine Sofismen, daß der Schnaps edel, weise, productiv mache – il avilit, er **erniedrigt**. (o. D., 1936)

ROTH: Machen Sie sich bitte um mein Trinken gar keine Sorgen. Es konserviert mich viel eher, als daß es mich ruiniert. Ich will damit sagen, daß der Alkohol zwar das Leben verkürzt, aber den **unmittelbaren** Tod verhindert. Und es handelt sich für mich darum: **Nicht das Leben zu verlängern, sondern den unmittelbaren Tod zu verhindern**. Ich kann nicht auf Jahre hinaus rechnen. Ich versetze gewissermaßen die letzten 20 Jahre meines Lebens beim Alkohol, weil ich noch 7 oder 14 Tage Leben mir gewinnen muß. Freilich kommt dann, um beim Bilde zu bleiben, plötzlich ein Punkt, wo der Wucherer **vor** der Zeit über mich herfällt. So ungefähr ist die Situation. (12. November 1935)

ZWEIG: Hoffentlich haben Ihre Berater einen Plan ausgearbeitet, ich will dann mein Bestes tun, damit wir wenigstens **etwas** Ruhe für Sie herausarbeiten. Verlassen Sie sich auf mich! (o.D.,1936)

ROTH: Lieber Freund, ich muß Ihnen sagen, daß ich wirklich am Ende bin: der Verlag de Lange [*holländischer Emigrantenver-*

lag] gibt mir keinen Vertrag. Um mir Das zu sagen, ließ mich dieser neue Knoten 14 Tage warten. Es ist umsonst all meine Arbeit, mein schweres Leben, mein irrsinniger Fleiß, meine Gewissenhaftigkeit: jeder kleine Scheißer kriegt einen Vertrag von de Lange. Ich nicht. (25.März 1936)

ZWEIG: Ich hoffe, was Sie mir schreiben, ist nicht richtig und Sie haben sich nur in der ersten Verzweiflung getäuscht. Ich kann es mir nicht denken, daß de Lange und Landauer Sie in dieser Art fallen lassen und bin gewiss, es regelt sich noch halbwegs erträglich in diesen Tagen. Sie müssen damit rechnen, daß Geschäftsleute im letzten Rechner sind, die Ware kaufen und Ware verkaufen müssen. Wir können dieses Weltgesetz nicht ändern. (27. März 1936)

ROTH: Was soll ich nun tun? Soll ich an den Kirchen betteln? Soll ich ins Kloster gehen? Man nimmt mich auch da nicht, solange nicht meine privaten Dinge in Ordnung sind. Ich bin so müde und so luzide dabei. Es sind wahnsinnige Vorstellungen, die meine Luzidität und meine Müdigkeit begleiten. Sie glauben mir nicht. Es hat keinen Sinn. Wenn Sie mein Freund sind, warum glauben Sie nicht auch an meinen Verstand, wie an meinen Charakter und mein Talent? 50% unserer gegenseitigen Beziehungen verlieren sich dabei. Wie schade!

Ich weiß nicht, weshalb Sie mich für töricht halten. Ein Wahnwitziger ist noch kein Esel. Das wissen Sie doch am besten. Ich sehe schärfer, richtiger, auch das Private. [...] Aber, ich bitte Sie, lassen Sie uns nicht mehr aneinander vorbeireden. (28. März 1936)

ZWEIG: Aber liebster Freund, dies ist ja das Unglück, dass ich diese Situation nicht **jetzt** begreife, sondern wie alle Ihre Freunde schon im voraus seit zwei oder drei Jahren. Alles, was Sie jetzt miterleben, haben wir schon voraus erlebt, Ihre Sorgen vorausgesorgt und mehr noch, wir spürten im voraus die Leberschmerzen, die Sie von Ihrem Trinken noch haben **werden** und die Bitterkeit, die Sie unvermeidlich gegen uns wenden *werden*. Man musste kein Prophet sein, um das alles zu sehen. Lieber Freund, wenn Sie wirklich klar sehen wollen, so müssen Sie erkennen, es gibt keine Rettung für Sie als ein vollkommen zurückgezogenes Leben irgendwo an dem billigstmöglichen Ort. Nicht mehr Paris, nicht mehr Foyot, überhaupt keine Großstadt, ein **freiwilliges Kloster**. […] Bitte nehmen Sie sich den Gedanken aus dem Kopf, man sei irgendwie hart gegen Sie. Vergessen Sie nicht, dass wir in einem Weltuntergang leben und wir glücklich sein dürfen, wenn wir nur überhaupt diese Zeit überstehen. Klagen Sie nicht die Verleger an, beschuldigen Sie nicht Ihre Freunde, schlagen Sie sich nicht einmal gegen die eigene Brust, sondern haben Sie endlich den Mut, sich einzugestehen, dass, so gross Sie als Dichter sind, Sie im materiellen Sinne ein kleiner armer Jude sind, fast so arm wie sieben Millionen andere und werden so leben müssen, wie neun Zehntel dieser Erde, ganz im Kleinen und äusserlich Engen. Dies wäre für mich der einzige Beweis Ihrer Klugheit, dass Sie sich nicht dagegen immer »wehren«, nicht es Unrecht nennen, sich nicht vergleichen, wie viel andere Schriftsteller verdienen, die weniger Talent haben als Sie. Jetzt ist es an Ihnen, das zu erweisen, was Sie Demut nennen. (31. März 1936)

ROTH: Was ein armer kleiner Jude ist, brauchen Sie nicht ausgerechnet **mir** zu erzählen. Seit 1894 bin ich es und mit Stolz. Ein gläubiger Ostjude, aus Radziwillow. Lassen Sie Das! Arm und klein war ich 30 Jahre. **Ich bin arm**.

Es steht aber nirgends geschrieben, daß ein armer Jude nicht versuchen darf, Geld zu verdienen. Um solch einen Rat allein habe ich Sie gebeten. Wenn Sie ihn nicht wissen, so sagen Sie

es. Ich dachte, Sie könnten mir etwelche Filmbeziehungen verschaffen, oder raten. (2. April 1936)

ZWEIG: Sie können mir noch so böse Briefe schreiben, ich werde
Ihnen nicht böse sein. Glauben Sie wirklich, dass wenn ich nur
den **Schatten** eines Rates wüsste, ich schweigen oder vorbeireden würde? (6. April 1936)

ROTH: Ich bin sehr schwach und kann kaum gehen. Es ist keine
bestimmte Krankheit. Jeder Tag bringt und erzeugt andere
Symptome. Wenn ich nicht Galle und Blut breche, sind die
Augen entzündet, oder die Füße schwellen an. Herzklopfen,
Herzweh, Migräne, schauerlich, Zahnausfall. Es scheint mir
manchmal, daß die Natur noch gütig ist, indem sie einem das
Leben so mieß macht, daß es den Tod selig empfängt. Ich habe
aber immer noch einen Lebensinstinkt, ich will schreiben, […]
ich will nicht so jämmerlich umkommen. Ich möchte so gerne
6 Monate aufatmen. Ich will nicht, ich **kann** nicht. Ich sage es
Ihnen seit einem Jahr. Ihr Optimismus, was mich betrifft, ist
grenzenlos, Sie haben sich getäuscht, Sie sehen es selbst. Sie haben mir nicht geglaubt. Ich kenne die Gesetze meines Lebens.
[…] Ich habe nichts mehr, als die Zusicherung von Ihnen. Sie
sind nur ein Mensch, ein überladener, überlasteter Mensch,
Sie werden wegfahren, Sie werden den Unseligen vergessen. Sie
haben mir geholfen, ich habe noch 20 Gulden von Ihnen, aber
ich bin davon 8 Gulden schuldig. […] Ich sehe schrecklich zer-
fallen aus. Ich bin ganz, ganz tot, in 4 Wochen, ich muß 4 Monate wenigstens das Leben gesichert haben. […] Bitte, antworten Sie mir Dies: ob ich bestimmt auf Sie rechnen darf, auch,
wenn Sie fort sind. (29. Mai 1936)

ZWEIG: Landauer habe ich gebeten, die bei Abschluss des Vertrages
fälligen **zweihundert Gulden Ihnen auszubezahlen** und hoffe,
dass Sie ein bisschen Oberwasser damit haben. (2. Juni 1936)

ROTH: Lieber Freund, es wird Ihnen wahrscheinlich schwer, vielleicht Gott behüte unmöglich sein, mich noch einmal aus der schrecklichsten und am wenigsten selbst verschuldeten Situation zu reißen. […] Der Verleger, der neue, […] schickt mir die Rate nicht, weil er in Ferien geht. Nichts habe ich jetzt, außer ein paar Briefmarken auf Vorrat gekauft und wie in einer bösen Vorahnung. […] In der Tasche habe ich noch 40 Francs. Ich weiß nicht, was tun. Soll ich mich nicht an Sie wenden? Es hätte sich vielleicht gehört. Es klebt so viel Unappetitliches an diesem Weg zu Ihnen, an meiner Armut, meinen ständig sich erneuernden kleinen Katastrophen, die für mich Erdbeben sind, an diesem Strick, der so lange zögert, mich endgültig zu ersticken und sich nur ruckweise enger zusammenzieht, er ist schon ganz fett von meinem Angstschweiß. […]

Sie glauben noch an meine literarische Kraft. Aber sehen Sie, daß ich in der Latrine nicht arbeiten kann. Ich weiß, daß Ihr an eine Art Stabilität gewohnter, **dauernder** Besserungen bedenkender Sinn, diese meine akute Katastrophe wieder – und mit Recht – als eine Folge des Gesamten sehen wird, und daß Sie zuerst denken werden, wie das Gesamte zu ändern wäre. Bitte, bedenken Sie, daß dieses Akute sogar ein eventuelles Gesamtes unmöglich machen kann. […] Es ist mir so ekel vor mir, so schrecklich, bald wird es mir gleichgültig sein – und ich habe Angst davor. (8. August 1937)

»Alle kriegen, alle, aus Amerika geholfen«

ANNA SEGHERS (1900–1983)

An Wieland Herzfelde

1. September [1939]
[Frankreich]

Lieber Wieland,

ich schreibe Dir in einem sehr kritischen Moment. Bis Du den Brief hast, werden wir alle wissen, was aus uns geworden ist. Dann wird es hoffentlich nicht mehr real sein, wenn ich gestehn muß, daß es mir heute abend ziemlich beklommen zumut ist. Denn ich sitze da herzlich allein mit meinen zwei Kindern, und der ganze Ort ist leer und totenstill. Wir sind alle in keiner besonders reizenden Lage, ich schon gar nicht. Trotzdem stehst Du an erster Stelle bei den Briefen, die ich schreibe, eine Art Gesellschaftsersatz. Ich habe mich sehr gefreut, daß Dir mein Buch gefällt. Ich glaube, es hat keinen Sinn, jetzt auf Deinen Buchgemeinschaftsplan einzugehen, weil sich wohl auch für Dich manches geändert hat. Darum nur Allgemeines. Jeden qcm Druckbogen begrüße ich für uns Schriftsteller, jede Möglichkeit, auf deutsch zu publizieren, jede Möglichkeit, in dem einzigen aussichtsreichen Land zu publizieren, aber vor allem, wenn Du Dich für diese Sachen einsetzt. Ich habe verlegerisch Vertrauen zu Dir, und obwohl ich Deine Autorin nie war, hat es mich gefreut, daß Du trotz allem wieder anfängst, denn zu Dir gehört der Verlag wie das Wasser zum Fisch.

Was mich dabei angeht, so kann ich jetzt gar nichts sagen,

was aus meinem Roman wird. Auch sein Schicksal entscheidet sich in diesen Wochen. Aber ich würde Dir immer ein Buch geben. Ich habe die schönsten Pläne, nie habe ich, nie hätte ich so gut wie jetzt arbeiten können. Wenn ich mit dem Roman fertig bin, will ich ein kleines Buch schreiben »Gewöhnliches und Gefährliches Leben«, aber das ist nur ein Teil des Programms.

Von den wenigen Romankapiteln habe ich ein sehr gutes Echo von überallher. Nur etwas, Wieland, ist schlimm, es geht mir furchtbar schlecht. Man merkt es bei mir nicht so, denn ich kann nicht in Sack und Asche gehn und jammern, aber es geht mir so, daß jede Beendigung der Arbeit nur mit einem wirklichen Kräfteverlust, mit einem solchen Verbrauch von sog[enannter] Lebenssubstanz möglich ist, daß ich immer fürchte, meine ganze Arbeit ist gefährdet.

Wenn Du da drüben jemand finden könntest, der mir hilft! Dadurch, daß ich – zum Glück auch – Kinder habe, ist alles doppelt schwer. Aber alle kriegen, alle, aus Amerika geholfen, vielleicht war es doch ein Fehler von mir, daß ich nicht rechtzeitig und nachdrücklich um Hilfe gedrungen habe. Wenn Du auf Menschen stößt, die da helfen können, dann mach was. Ich war ohnedies schon müd. Wie es jetzt weitergeht, wo ich von allen Möglichkeiten ziemlich abgeschnitten bin, ist mir noch ein Rätsel.

Jetzt aber genug, Du hast's gehört, wenn Du einen findest, denkst Du an mich. Hier ist alles stockdunkel, der kleine Ort menschenleer, Heere von winzigen Schulkinderchen ziehen mit Sack und Pack über dem Rücken, um evakuiert zu werden – hoffentlich geht der Tanz gut vorüber. Was hier für eine Aufregung herrscht unter den Intellektuellen, aber natürlich auch sonst, das kannst Du Dir nicht vorstellen. So waren die Gemüter noch nie durcheinander. Wenn man in den finsteren

Straßen auf ein gutes bekanntes Gesicht stößt, dann muß man lachen, aber sonst ist es ja nicht zum Lachen. Na, Ihr lest ja Zeitungen. Wirklich, heut abend gab ich was drum, ich könnt Deine Witze hören. Puh, was für Gesichter machen meine zwei alten Hausleute, und kein Telefon geht mehr.

Also Wieland, schreib, ob dieser Brief je in Deine Hände gelangt.

Es grüßt Dich

Deine Anna

»Als fände Schweden keine Ruhe, bevor ich gestorben bin!«

AUGUST STRINDBERG (1849–1912)

Ein Mensch, der nach einem halben Leben übermenschlicher Arbeit seine Produktionskosten nicht decken kann, ist schlecht bezahlt und hat als solcher das Recht unzufrieden zu sein. Er hat darum nur ausstehende Forderungen und keine Schulden. August Strindberg, 23. Juni 1886

Ein Monomane, ein Mystiker, Choleriker, ein Größenwahnsinniger, Alchimist, Nihilist, Demokrat, Telepath, ein Gottesfürchtiger, von Dämonen Gehetzter, ein Vielschreiber, dann jahrelang Nichts-mehr-Schreiber, immer den Kopf voller Pläne, rastlos, mehrsprachig, ein hellwach Unglücklicher, voller Leidenschaft, immer vor, in oder nach zum Scheitern verurteilter oder gescheiterter Ehe, Sozialist, Reaktionär, Anarchist und dann wieder Sozialist, und eigentlich immer alles auf einmal – so tritt August Strindberg den Lesern seiner Briefe entgegen. Eigentlich immer alles auf einmal? Außer natürlich Geld, davon immer zu wenig. 1886 wurde er siebenunddreißig.

2. und 20. Januar 1886

Lieber Geijerstam!

Zum Jahreswechsel einige Zeilen meiner müden Feder! Als erstes Dank für »Erik Grane«. Das war eine Tat, die Du mit Deinem Frieden wirst büßen müssen und deren Folgen Dich vielleicht lehren werden, besser zu verstehen, wie ein gereiztes

Gehirn gleich dem meinigen durch die Ausübung einer Arbeit gequält werden kann.

Was meinen zermürbten Menschen betrifft, kann ich nur sagen, daß er wie ein Sack geplatzt ist, aus dem das letzte, was noch vorhanden, herausrinnt. Mein Gehirn ist gespalten und denkt über dieselbe Sache gleichzeitig zwei Gedanken, die meist gegensätzlich sind. Aber ich bin beinahe zu der Erkenntnis gekommen: daß die Schöne Literatur idiotisch ist. Etwas zu beurteilen, ohne es gesehen zu haben, Wirklichkeit darzustellen, ohne Untersuchungen vorgenommen zu haben, das sind nur Halbheiten. Darum will ich mit diesen Untersuchungen beginnen. Da die soziale Frage letzten Endes auf dem Grundpfeiler des Gemeinwesens der landwirtschaftlichen Bevölkerung ruht, will ich nun, meinem Plan entsprechend, durch Europa reisen und seine Bauern studieren. Das Staatswesen kann nicht verändert werden, weil nur eine kleine Anzahl von Industriearbeitern und Bauern ein Wort bei der Gesetzgebung mitreden wollen.

Diese Arbeit wird mich außerdem noch von der furchtbaren Tätigkeit am Schreibtisch ablenken, die mich bei lebendigem Leibe zu verbrennen droht.

Nun ja, ich habe zwar Aussichten, diese Darlegungen in ausländischen Zeitungen zu veröffentlichen, wage jedoch nicht, sicher daran zu glauben, und kann keinen Verleger finden, der tatsächlich bezahlt. Ich habe gehört daß man für ein sogenanntes Dichtergehalt für mich sammelt. Ich habe gebeten, das zu unterlassen, da ich mich nicht gebunden fühlen möchte. Statt dessen habe ich an Snoilsky geschrieben und ihn gebeten, mir aus dem Lorén-Fonds (oder einem anderen) dreitausend Kronen als Stipendium für die erste Ausführung meiner Bauernarbeit zu verschaffen. Ebenso habe ich an Hillberg geschrieben. Wenn Du mein Vorhaben unterstützt, verspreche ich

Dir, Schweden für wenigstens sechs Jahre in Frieden zu lassen.
Du weißt, daß der Fonds für die Lösung der sozialen Frage bestimmt ist. Ich beabsichtige nicht, sie zu lösen, will auch keinen
Vorschlag zu ihrer Lösung machen, sondern nur Material sammeln ohne alle Rousseauschen Angriffe auf Stadt oder »Kultur«. Diese Arbeit kann meine Lebensrettung bedeuten, meine
Gesundheit und meine geistige Spannkraft wiederherstellen.
Wenn der Lorén-Fonds noch nicht verfügbar ist, müßt Ihr sobald wie möglich von anderen Seiten Geld beschaffen, denn
ich bin nun mitten drin in der Arbeit und kann es mir, nachdem ich mir teure Literatur angeschafft und viel Zeit auf das
Studium verwendet habe, nicht leisten, sie wieder aufzugeben.

Die ersten Aufsätze werden bald abgeschickt. Ich fange mit
Frankreich an, das ich auswendig kenne, aber noch durchstrei-
fen muß.

Die Wege zu den Geldquellen kennst Du ja. Wall, Nordens-
kiöld, Wieselgren (?), Gyldén sind vielleicht meine Freunde
und möchten gern, daß ich beschäftigt werde.

Wall könnte mir am besten helfen, indem er meine Briefe
[…] druckt. Dies ist alles, was ich als Vorbereitung sagen kann.
Du weißt ja, daß der Mensch nie glücklich ist, bevor er seinen
Willen nicht durchgesetzt hat. Dieses ist jetzt zwei Jahre lang
mein Wille gewesen, und ich bin unglücklich gewesen, weil ich
ihn nie ausführen konnte.

[…] Nun lege ich diese Angelegenheit in Deine Hand. Du
bist ein energischer Mann und kannst mit Leuten reden. Tu das
nun für mich.

Meine Neujahrswünsche an Dich und Deine junge Frau und
die Grüße meiner Frau von und durch
den Freund
August Strindberg

P. S. [...] Freund! Ich habe noch etwas hinzuzufügen. [...] Hillberg bittet mich durch meinen Bruder Axel um Vollmacht,
für das Dichtergehalt weiter sammeln zu dürfen. Ein Dichtergehalt für jemand, der nicht mehr schreiben kann! Ich habe
ein Schreibtischfach voller Pläne und ausgearbeiteter Manuskripte, die sich nicht für den Druck eignen. Die Arbeit eines halben Jahres und das, womit ich mich jetzt beschäftige,
sind **Unsinn**. Entweder bin ich leer und ausgebrannt, oder
ich mache eine Krise durch – es lohnt sich nicht, noch Geld
an mich zu wenden. Wollt Ihr dagegen meine Familie retten,
dann macht bitte schnelle und energische Anstrengungen. Siri
[*seine erste Frau*] will nach Neuchâtel reisen und eine Pension
eröffnen für die vielen skandinavischen Herren, die dort Französisch lernen, weil es da so billig ist. Ich werde Siri begleiten
und Gärtner werden, denn mein Arzt hat mir nachdrücklich
erklärt, der Brand in meinem Gehirn werde niemals erlöschen,
wenn ich keine Gymnastik triebe oder körperliche Arbeit ver-
richtete. Auf seinen Rat hin habe ich angefangen zu trinken
und Billard zu spielen, außerdem beteilige ich mich am Kar-
tenspielen und gehe in Gesellschaften. Das alles hilft mir eine
Weile, aber nachher wird es siebenmal so schlimm. Ein Projekt
jagt das andere; ich habe zwei Aktenmappen voll mit Plänen
für Theaterstücke und Reisepläne, Pläne zu neuen Grundge-
setzen für Schweden und zu neuen Schulbüchern. Alles dreht
sich in meinem Kopf und steht niemals still.

Hillberg hat seine Anstrengungen eingestellt, weil ich mir
das Dichtergehalt verbeten habe. Ich bleibe dabei. Aber ich
bitte Euch noch um eine größere Hilfe, weil ich von Grez fortkommen will, da es unerhört teuer ist, um nach Neuchâtel zu
ziehen, wo es ein Arbeitsfeld für meine Frau und meine teure
Eva gibt. Beide sehnen sich nach einer Tätigkeit. Hier sitzen

wir mit 2000 Franc fest, und die Schulden wachsen lawinen-
haft an.

Ein paar Monate Ruhe, die Reise und körperliche Tätigkeit
werden mich zur Literatur zurückführen, die ich am besten be-
herrsche. Die sozialen Fragen, deren Studium ich jetzt been-
det habe, verwirrten mich völlig. Mit einem Wort gesagt: Ich
bin bankrott – und weiß wahrhaftig nicht, was ich glauben soll.
Genau die gleiche Skepsis wie beim »Roten Zimmer«, ein Sam-
melsurium von Altem und Neuem. Rückfall zur Bibliomanie
und Forscherdelirium. Das Ganze ist Mist! Ich bin ausgelebt,
muß aber für meine Kinder leben! Doch dann spüre ich wieder
die unerhörte Vitalität, das körperliche Erbteil meiner niedrigen Herkunft. Zu solchen Zeiten glaube ich, daß ein langes
und ruhiges Leben vielleicht doch noch für mich möglich ist.
Dann wiederum überkommt mich die Niedergeschlagenheit
mit Revolvergedanken und Mißtrauen gegen alle Menschen,
das Wissen um das, was am Ende aller Illusionen steht, und
Verzweiflung über die Unverbesserlichkeit aller Dinge. Eins jedoch ist mir klar: Es kann nicht so weitergehen, wie es jetzt ist.
Vorwärts, kein Stillstand, vorwärts durch gesunde Rückkehr.

Nach allem, was ich gesehen habe, wird die Anarchie wahrscheinlich die Zukunft sein und nicht der Sozialismus. Niemand will sich ein- oder unterordnen. Jeder will seinen Weg allein gehen. Ich glaube, daß ein Ausbruch kommen wird, der nur
mit der Auflösung der abendländischen Kultur enden kann.
Und wir werden ein Orient ohne Despoten oder mit ihnen!

Noch einmal: Kann etwas für mich getan werden, dann lasse
es geschehen! Von dem Lorén-Fonds werde ich kaum etwas sehen. Was Du tust, das tue bald! Wenn noch etwas möglich ist!
Dein Freund
August Strindberg

1891 ist Strindbergs erste Ehe geschieden worden. Ein Brief an einen
Freund:

2. und 10. März 1891

Lieber Mörner,

Du, der das Ehegesetz liest, mußt wohl am besten wissen, daß es
nicht einfach ist, sich scheiden zu lassen. Was aber nicht im Ehegesetz steht, sind alle Wunden, die eine solche quälende Operation während ihrer sechsmonatigen Dauer mit sich bringt. Mit
einem Wort: dieser Herbst und Winter sind die quälendsten
gewesen, die ich in meinem gequälten Leben durchgemacht
habe. Allein in einem Haus, nur mit Ratten zur Gesellschaft,
ohne Kinder, demütigende Verhöre vor der Priesterschaft und
dem Kirchenrat; schlaflose Nächte, mit dem Rechtsanwalt zer-
mürbende Auftritte, unheimliche Szenen und dazwischen die
elende wirtschaftliche Lage. Zweimal sind meine Bücher in
Gefahr gewesen, gepfändet zu werden. Fredriksson hatte versprochen, »Das Geheimnis der Gilde« zu spielen, doch er ließ
mich im Stich: Ich flehte ihn an, eine Matinee zu geben – doch
er entzog sich meinen Bitten. Man ist müde geworden, das ist
nicht erstaunlich, und ich habe so oft gerufen, daß der Wolf
komme – nun glaubt man mir nicht mehr. **Ich grolle nicht,**
sondern finde es ganz natürlich. [...] Ich bin darüber hinausge-
wachsen, mir Geld zu leihen, weil ich es unehrenhaft finde, da
ich ja nicht weiß, wann ich es zurückbezahlen kann. Es geniert
mich weniger, zu betteln, denn das ist ehrenhaft, weil es nicht
meine Schmach ist, daß ich dazu gezwungen bin. Doch in dummen demokratischen Zeiten haßt man instinktiv die Originali-
tät und das Talent; man wartet lieber bis zur Beerdigung mit
seinen Wohltaten, die möglicherweise in Form einer Pension
an die Hinterbliebenen gegeben werden [...]

Der Freund muss verstanden haben, denn eine Woche später heißt es:
Lieber Mörner, ich darf also noch einen Monat auf dieser Erde
leben und danke Dir dafür.

1892 verkaufte Strindberg (zum zweiten Mal) seine Bibliothek;
auch Briefe übrigens, die er empfangen hatte, sowie seine Erwiderun-
gen darauf hat er in Geld umgesetzt, wenn es zu arg kam, und 1892
kam es wieder einmal arg: so dass er daran denken musste, eine Stelle
als Lehrer oder in einer Bibliothek zu suchen.

Lieber Geijerstam.
Nach so vielen Jahren des Versuchs, wie ein schwedischer Autor zu leben, habe ich eingesehen, daß es unmöglich ist, und
stehe jetzt vor einer Krise. Ich bin nicht imstande, etwas zu
schreiben, und es kommt mir allmählich schmachvoll vor, immer zu betteln. Nun bettle ich durch diese zwei Annoncen in
D. N. [»Dagens Nyheter«] und bitte außerdem v. Stejern, mich
an diesen Stellen zu empfehlen. Meine Kenntnisse ersieht
man ja aus den Qualifikationsberichten, aber noch wichtiger
ist, daß er erklärt, daß man mich tatsächlich in einem Raum
bei sich haben kann und daß ich weder Jungen noch Mädchen
verführe. Wenn es verlangt wird, werde ich sogar Antialkoholi-
ker. Es ist ja ein Wahnsinn, zwei Haushalte zu bestreiten, da ich
schon nicht imstande war, für einen zu sorgen. Meine Situation
während der letzten zwei, vier, fünf Jahre unbeschreiblich. [...]
Die Bücher müssen weg, ich muß sie fort haben, teils um Geld
zu bekommen (und sonst würde man sie mir pfänden), teils,
um die nötige Ruhe in meinem Kopf zu finden, um Gewäsch
zu schreiben und davon leben zu können. Es ist ja nicht meine
Absicht das Schreiben ganz aufzugeben – im Gegenteil. Aber
ich muß für einige Zeit Ruhe und das tägliche Brot haben.
   Und für nichts anderes, das glaube mir, denn wenn man

seine Kleidung für Essen verpfändet und sieben Grad Celsius in seinem Zimmer hat, ist es überlegt! Überreichlich überlegt!

Mir ist nicht mit einer Summe Geld geholfen, die nur alte Schulden decken kann.

Glaube mir diesmal, was ich sage! Und versetze meiner Karre einen Stoß, damit ich aus dem Torweg herauskomme. Dieses erbittet freundlichst
August Strindberg

Strindberg hat oft, da er sehr zurückgezogene, menschenlose Zeiten brauchte (die Einsamkeit trieb ihn gleichwohl zum Wahn, die Askese in halluzinatorische Paranoia, die er schwer hatte zu bekämpfen), mit dem Gedanken gespielt, ins Kloster zu gehen – er hat hier und da Rechnungen aufgestellt, dass er im Kloster für einen Franc täglich leben könnte, und obwohl er es nicht getan hat, sind solche Pläne ihm auf der Stelle zu glauben; als Lehrer oder Bibliothekar hingegen hat er sich selbst in allergrößter Not nicht wirklich gesehen. Es ist natürlich auch nichts draus geworden. Stattdessen wurde ihm klar, dass er von Schweden fort – irgendwo in die Mitte von Europa – musste. In einem Brief an seinen Freund und Kollegen Ola Hansson, der damals in Berlin lebte und Strindberg durch eine Geldsammlung die Reise ermöglichte, rechnet er mit Schweden ganz ähnlich ab wie einige Jahre vor ihm der »teutsche Tichter« Detlev von Liliencron mit seiner Heimat.

Lieber Ola Hansson!
Ich kann nicht loskommen, zwei Tage nach meinem Brief wurden zweihundert Kronen […] gepfändet. Ich warte auf neue Exekutionen für 500 Kronen Buße, Zeugen- und Gerichtsunkosten oder Gefängnis, wenn ich nicht bezahle, was der Fall sein wird. Du findest vielleicht, das klinge wie eine Fabel, doch es ist

die nackte Wahrheit; und wahrscheinlich werde ich ins Gefängnis gehen müssen, denn ich habe noch drohendere Schulden.

Das ist Schweden!

Du erinnerst Dich sicher noch daran, daß ich bei unserem letzten Zusammensein eine umfangreiche Brotarbeit, »Schwedens Natur«, in Vorbereitung hatte. Nachdem ich dieses ganze scheußliche Land, außer Lappland, bereist hatte, schrieb ich ein Resümee für einen Vortrag. Die Einkünfte daraus sollten mir ermöglichen, die richtige Arbeit zu schreiben. Aber es stellte sich heraus, daß der Patriotismus blague war. Die Vorlesung mußte aufgegeben werden. Daraufhin wurde das Manuskript an »Aftonbladet« verkauft, das die Arbeit – nach dreiviertel Jahren – natürlich neu und ausgezeichnet fand, doch sie niemals druckte. Der Aufsatz enthielt nichts Ketzerisches, doch er war zu gut, und der Neid ließ es nicht zu, daß ich meinen Namen als erster Naturschilderer mit modernen Gesichtspunkten darunter setzte.

Das ist Schweden!

Daraufhin wurde er an Albert Bonnier [*Verleger*] weitergegeben, der verlangte, daß diese rein naturwissenschaftliche Schilderung Novellen enthalten solle (seine eigenen Worte!). Im Frühling schrieb ich »Sankte Per« [*Die Schlüssel des Himmelreichs*]. Das Stück wurde von einem Theaterdirektor, der das Manuskript gelesen hatte, heruntergemacht. Die Folge: Nicht gespielt! Ich schrieb drei Einakter für das Dramatische Theater. Sie wurden angenommen: und wurden nicht gespielt, weil […] das weiß kein Mensch!

Es kommt mir vor, als fände Schweden keine Ruhe, bevor ich gestorben bin! Und als warte man nur darauf, meine Beerdigung herzurichten!

Diesem bitteren Brief vom 5. August 1892 folgt fünf Wochen später ein dringlicher.

Lieber Ola Hansson!
Es wäre eine große Kunst, gerade jetzt von hier fortzukommen. Aber ich habe Schulden, die ich nicht zurücklassen kann, ohne daß die Zeitungen hinter mir her wären. Insbesondere da vor kurzem zwei Pfändungen bei mir vorgenommen wurden. Wir haben schon Herbst, doch ich wohne immer noch in der Sommerfrische und kann nicht einmal von hier loskommen. Daß ich Landsleute, Freunde und Verwandte habe, hilft mir nichts, denn alle Ressourcen sind während dieser drei schrecklichen Jahre, die ich zu Hause war, aufgebraucht.

Ich habe jetzt sechs Stücke fertig, zwei davon sind sehr stark wie »Der Vater« und »Fräulein Julie«, jedoch ohne Unsittlichkeitshindernisse für die Aufführung – im Ausland. In Schweden sind die Unbußfertigen ein Hindernis für alles, was Aug. Sg. tut.

Aber wäre ich selbst in Berlin und könnte sie selbst vorlegen, würde das Theater sich sicher ihrer annehmen oder sie zumindest als einen Band Schauspiele drucken lassen.

Man hat mir mitgeteilt, daß Henke drei Bände mit August Strindbergs Gesammelten Dramatischen Arbeiten herausbringt, und zwar sind sie schon erschienen.

Aber wie komme ich aus dieser Hölle heraus? Wenn ich zweihundert Mark hätte, würde ich einfach fliehen. Aber kann nicht die Freie Bühne, die zwei Stücke gespielt und »Am offenen Meer« abgedruckt hat, auch »Am offenen Meer« als Buch herausgeben und mich retten, wie sie Garborg gerettet hat?

Um mich am Leben erhalten zu können, habe ich zwei Bilder gemalt und verkauft! […] Ich habe schon daran gedacht,

Photograph zu werden, um mein Talent! als Schriftsteller dadurch zu retten. Hast Du irgendeine Möglichkeit, mich von
hier fortzuholen, um mein physisches Leben zu retten, denn in
Deutschland werde ich nie eine Rolle erhalten, aber vielleicht
wenigstens eine als Nebenverdienst und um gelegentlich darauf zurückzukommen. […]

Man lacht hier über meine Misere, und ich würde sie total
beenden, wenn ich nicht die Kinder hätte! Mit Grüßen und in
der Hoffnung auf eine baldige Antwort
freundlich
August Strindberg

*Die drei Kinder lebten bei der Mutter, und Strindberg quälte
es sehr, dass er sie nicht »ordentlich« versorgen konnte, wie er es
gern getan hätte* (bis dahin schick' ich Euch soviel Geld, wie
ich kann). *1893 heiratete er zum zweiten Mal, und auch seine
zweite Frau kann er nicht ernähren:* Siehst Du, was mich bedrückt, ist der Gedanke, daß ich mich überschätzt habe, als
ich Dich ehelichte, und daß ich Dich im Elend lassen werde
früher oder später. *(Juni 1893) Oder:* Welches Recht habe ich,
Dich mein Weib zu nennen, wenn ich Dich nicht ernähren
kann und im Begriff stehe, mich von Dir ernähren zu lassen?
*In den neunziger Jahren stieg Strindbergs Ruhm in Europa. Strind-
berg blieb noch einige Jahre arm. In seinen Briefen ist davon die Rede
– und von den Nerven. Auch von den Händen, die kaputt sind und
bluten, die Stigmata rührten von Strindbergs chemischen Experimen-
ten (er versuchte, Gold zu machen); in Paris 1896 dann die Inferno-
krise, ein gewaltiger psychischer Zusammenbruch, danach hören die
Geldsorgen ja nicht auf; und das ging so bis 1911, als die Herausgabe
seiner »Gesammelten Werke« vertraglich gesichert wurde. Im Jahr
1912 starb er. Kurz vor seinem Tod schrieb er diesen Brief:*

Herr Professor [*Nathan Söderblom, früher schwedischer Pastor in Paris*]

Ich hätte Ihnen vieles zu sagen, in mancher Beziehung und über viele Dinge, doch ich bin krank und alt, muß mein Haus bestellen und alte Rechnungen abgelten. – Um 1892 herum (?) geriet ich schuldlos in Paris in Armut und erhielt auf Umwegen aus dem Unterstützungsfonds der Schwedischen Gesellschaft eine Hilfe von 200 frs. Ich habe zwar versucht, mich damit zu trösten, daß ich während der letzten besseren zehn Jahre anderen recht große Unterstützungen zukommen ließ. Doch dies ändert nichts an der Tatsache, daß ich die alte Schuld in Ordnung bringen möchte.

Ich wende mich deswegen an Sie. Und da ich die Adresse in Paris nicht kenne, bitte ich Sie, sich die Mühe zu machen, einliegende 1000 Kronen an den Unterstützungsfonds für notleidende Landsleute zu schicken. Sie sollen als Zurückzahlung und natürlich nicht als Wohltat betrachtet werden!

Es fehlt ein kleines Wort in diesem kurzen Brief, dieses kleine Wort, das so schwer auszusprechen ist: Danke! Für die Hilfe damals, und Dank für die Mühe, die Sie gütigerweise übernehmen.

Ihr

August Strindberg

»Die Not ist da, der Bankrott bricht herein«
THEODOR FONTANE (1819–1891)

An Bernhard von Lepel

> Berlin, 5. Oktober 1849
> Meine Wohnung:
> Luisenstraße 12, 3 Treppen,
> bis 1 Uhr zu Haus,
> nachher in Töpfers Hotel

Mein lieber Lepel.

Da sitz ich denn wieder und koste die Reize des Chambre garnie. Die knarrende Bettstelle, die mitleidsvoll aus den Fugen geht, um einer obdachlosen Wanzenfamilie ein Unterkommen zu bieten, der wankelmütige Nachttisch, das gevierteilte Handtuch, die stereotypen Schildereien: Kaiser Nikolaus und Christus am Kreuz, alles ist wieder da, mir Auge und Herz zu erquicken. Oh, es ist schön. Kannst Du mir nicht sagen, mein lieber Lepel, warum ich zu gar nichts komme? Ich mache so geringe Ansprüche, und doch – selbst das Kleinste wird mir verweigert, 400 Taler, worauf mit Recht der Spruch erfunden ist: »Zum Leben zuwenig, zum Sterben zuviel«, ersehne ich nun schon seit Jahr und Tag, und obschon ich gar nicht wählerisch bin, obschon ich **all und jede** Subalternstellung, die nicht besondre Fachkenntnis erheischt, mit Freuden annehmen würde, dennoch ist es nicht möglich, auch nur ein solches Minimum zu ergattern. Es gibt mehr denn 2 Dutzend Posten, zu denen ich nicht schlechter wie andre Menschenkinder zu verwenden wäre. Geschäftsführer einer Apotheke, Eisenbahnbeamter, Sekretär, Kalkulator, Registrator, Lehrer in Chemie, Geographie und Geschichte, Konstabler-Wachtmeister, Redakteur einer gesinnungslosen Zeitschrift, ministerieller Zeitungsleser und Berichterstatter, Billetteur eines Theaters, Bücher-Croupier in der Königl. Bibliothek und noch hundert andre Dinge könnt ich so gut werden wie alle die Hinze und Kunze, denen das Glück des Lebens, in Gestalt von 400 Talern, so reichlich zufließt. Sage mir, Lepel, woran liegt es? Greife nicht zu dem alten, billig gewordenen Witze: »Weil du zu allem taugst, taugst du zu gar nichts«, nein, das bestreit ich allen Ernstes; ich habe in all den Stellungen, die mir bisher meinen Bissen Brot gewährten, wenn auch schweren Herzens, doch immer meine Pflicht erfüllt, und ich würd es wieder tun, gleichviel, an welchem Platz auch man mich ferner stellen möchte. Der langen Rede kurzer Sinn ist der: Lepel, Freund! steige wieder auf die Warte, und schau aus, ob Du nicht in nah oder fern ein Plätzchen entdeckst, eine »kleinste Hütte, in der Raum ist für ein glücklich liebend Paar«, natürlich mit nicht allzuviel Arbeit, vor allem aber mit den unerläßlichen 400 Talern jährlich. – Du lächelst vielleicht, während Du das Vorstehende liest; lächelte ich doch, während ich's schrieb, und doch hat das alles eine sehr, sehr ernste Seite, und es ist mir gar nicht so bloß Spaß damit. Mir ist **dies** Junggesellenleben, wie ich es zu führen nun wiederum verdammt bin, ganz gründlich zuwider, und ich sehne mich nach einem Herd, sei er auch so klein, um nur gerade ein Töpfchen Kartoffeln dran kochen zu können. Man wird ja alt; wie lange noch, so ist es aus guten Gründen auch mit der Chambre-garnie-Herrlichkeit wieder vorbei, und der Ladentisch […] wird wieder meine Welt. Es heißt zwar immer:

»Arbeit schändet nicht«, und namentlich solche, die immer auf dem Sofa gelegen haben, sind sehr freigebig mit diesem Trost, aber rufe Dir mal meine ganze Wesenheit vor die Seele und frage Dich dann, was ich empfinden muß, wenn ich dem Lehrling zurufe: »Sputen Sie sich! wiegen Sie genau« denken Sie, die China-Pomade kostet dem Herrn X. Y. kein Geld? Mein Gott, lassen Sie doch das schöne Kind nicht so lange warten; Sie sehen ja, sie hat Eile.« Darauf ergreif ich in heiligem Eifer selbst die Pomadenbüchse, wickle mit einer zarten Bemerkung die Salbe in doppeltes Papier und überreiche irgendwelchem Saumensch, die abends hinter den Haustüren abgeknutscht wird, pfiffig lächelnd, ihre Haarschmiere. Und dabei: **Streben nach Unsterblichkeit**. Wahrlich, der Platensche Nimmermann, der auf dem Nachtstuhl Tragödien macht, ist an Lächerlichkeit ein Quark dagegen.

Und es könnte alles anders sein! Sieh, das verbittert mich jetzt, zuzeiten, bis ins tiefste Herz. Der Egoismus meines Vaters, der immer Geld hatte für Wein und Spiel, und nie für Erziehung und Zukunft seiner Kinder, hat schlimme Frucht getragen. Man ließ mich Apotheker werden, weil man das Geld verprassen wollte, was zur Ausbildung der Kinder hätte verwendet werden müssen, und jetzt, wo sich die Reue darüber leise im Herzen regt, ist es zu spät; die Not ist da, der Bankrott bricht herein, jetzt **kann** niemand mehr helfen. – Ich habe von Haus sehr trübe Nachrichten, die wenig geeignet sind, mich frei und froh in die Zukunft blicken zu lassen. Was ich Dir aber eigentlich schreiben wollte! Die bewußte Stelle in dem Schwabschen Buch, die wörtlich so lautet: »Hätten wir die Sammlung vermehren können (oder wollen), so würden wir am liebsten die mit Fontane unterzeichneten usw. **ausgebeutet haben**; diese

Stelle hat wieder die Lust (und auch etwas Mut) in mir wachge-
rufen, mich, durch Schwabs Vermittelung, an Cotta, wegen Herausgabe meiner Sachen, zu wenden. In den ersten Tagen stand
dieser Plan bei mir fest; jetzt find ich jene Schwabschen Zeilen
doch etwas zu kalt, um, darauf gestützt, in Korrespondenz mit
ihm treten zu können. Überlege Dir's, und sage mir am Sonntag, wie Du darüber denkst. Dein
Th. Fontane

»*Zigarren soll ich nur noch zu 5 Pf. rauchen*«

DETLEV VON LILIENCRON (1844–1909)

Es gibt 2 Wege dazu – *kein Geld zu haben* —: einen von oben, einen von unten, den, sein Geld verloren zu haben, den, nie eines besessen zu haben. Der erste ist der noch aussichtslosere, weil man nicht beizeiten lernt, sich ihm anzupassen, man ist nicht in die neuen Verhältnisse hineingewachsen. Dieser war der meine [...], *steht in einem der drei Vermächtnisse, die Robert Musil 1932 entworfen hat, als er* in einem völlig absoluten Sinn kein Geld *besaß. Es war auch der Weg von Detlev von Liliencron, dem Aristokraten, der zum Dichter »herunterkam« und sich als solcher dreißig Jahre lang durchhungerte, ohne sich im Grunde seiner Armut anpassen zu können oder zu wollen. Die Folge davon war, dass er sein Leben lang in Schulden förmlich erstickte, von Gläubigern aufgefressen wurde, buchstäblich nicht wusste, wo er sein Brot herbekommen sollte, und doch beharrte:* Daß ich mich aber unter meinen Stand begebe, thue ich unter keinen Umständen. *(15. Mai 1879) Freilich wurde dieser Gestus mit der Zeit immer mehr zur Form, in die Liliencron zunächst selbstbewusst viel Komödiantisches, später seine Ironie und noch später, als er mit sechzig Jahren plötzlich gefeiert und geehrt wurde, seinen Überdruss und Ekel hineingoss. 1894 hatte sich der Liliencron-Verein gegründet, um dem fünfzigjährigen Dichter die Schuldentilgung zu ermöglichen. Ein Komitee unter dem Vorsitz eines großzügigen, gleichwohl rigiden Lebemannes, nahm sich der Sache an.*

Mittwoch, 18. April 94

[…] Gestern wurde mir vom Comité Wäsche gekauft. Hanssen [*besagter Lebemann*] führte mich zu dem Ende – »um Ihnen zu zeigen, wie man spart« – in einen ganz scheuslichen Laden für Arbeiter und Matrosen. Und hier mußte ich mir nun Hemden, Unterhosen p.p. kaufen, statt in einem feinen Herrengarderobemagazin, wie ich's gewohnt bin sonst als Cavalier; dann ging's in die Große Johannisstraße, wo *nur* Plebs und »kleine Leute« wohnen. Und hier kaufte Hanssen mir einen scheußlichen Regenschirm für 8 M., der ich sonst nur meine Schirme zwischen 15 – 20 M. kaufe. Zigarren soll ich nur noch zu 5 Pf. rauchen.

Dies die aristokratische Seite des Elends. Die andere überwog. Aus einem Brief an den Verleger Hermann Friedrichs Ostern 1886: […] Sollten Sie mir, Liebster, diese 10 M. creditiren, […] ich habe in diesem Augenblick nämlich, auf Ehrenwort, nichts! ich habe in den beiden Ostertagen **gehungert** (sic, sic, sic), d. h. nicht einmal hatte ich eine trockene Semmel, da mein *letzter* gutmüthiger Borger, der Bäcker, vorgestern verweigerte! (das ist **wahr!**) – so wäre das sehr liebenswürdig von Ihnen.

Richard Dehmel (übrigens auch der Initiator des Aufrufs, der 1914 für Else Lasker-Schüler verfasst wurde) hat 1910, ein Jahr nach dem Tod des Freundes, Liliencrons Briefe in einer zweibändigen Auswahl herausgegeben. Sechs der sieben Abschnitte, in die er die Korrespondenz eingeteilt hat, tragen unter anderem folgende Untertitel:

2. Abschnitt – 1876–1883 […] 1. Ehe. Schuldenlast . . .
3. Abschnitt – 1884–1889 […] 2. Ehe. Neue Schuldenlast …
4. Abschnitt – 1890–1893 […] Zweite Ehescheidung. Weitere Schuldenlast

5. Abschnitt – 1894–1898 […] Schwerste Schuldennot.
Private Deckungsversuche. […] Aufruf zur Schuldentilgung.
6. Abschnitt – 1899–1903 […] 3. Eheschließung.
Immer noch Schuldennot. Kaiserliches Gnadengehalt.
7. Abschnitt – 1904–1909 […] Familienglück. Befreiung
vom Schuldenrest.

Unter Liliencrons Bettelbriefen finden sich lakonische:

> München, Königinstr. 4 p. den 4. Juni 1890
> Hochverehrter Herr Professor [*Klaus Groth*], ich komme, ohne
> Einleitung, mit der großen Bitte, mir 50 M. vorstrecken zu wol-
> len. Meinen Freund, Th. G. bat ich ebenfalls um 50 M.; dann,
> gegebenen Falles, wären es 100 Mark. Sie erlassen mir gütigst
> Einzelheiten; aber meine materielle Lage – mein Gott, wie hab'
> ich zu kämpfen! – war niemals fürchterlicher als in diesem Au-
> genblicke. […]

Häufiger sind die »Klagebriefe«, die wohl nicht zum geringsten
Teil an der Gründung des »Liliencron-Vereins« oder dem Zu-
standekommen des öffentlichen Spendenaufrufs für Liliencron mitgewirkt haben.

> 1.11.94
> 5 Abends
> Mein liebster Falke, heut war der furchtbarste Tag meines Le-
> bens! Unter allen Umständen: **der furchtbarste** Tag meines
> bisher gelebten Lebens! Schon an der Steuerkasse standen
> Gläubiger; und sie hätten mich geplündert, wenn ich mich
> nicht zur Wehre – fast thätlichen Wehre – gesetzt hätte. Und
> dann gings weiter bis jetzt. **Gräßliche** Scenen im Hause hier.

[…] Hilfe! Hilfe! Ich beanspruche keine Dichterei mehr; nur noch eine Stelle als Steinklopfer oder Wurststopfer (mein **letzter** Reim) […]

Andere Gräßlichkeiten stehen mir noch bis heute Abend in Aussicht. Jetzt wäre der Augenblick der Kugel gekommen. Aber – mein Töchterchen. Apage Poesie. […]

Ihr L.

Schon fünf Jahre vorher hatten Pfändungsdrohungen den fünfundvierzigjährigen Dichter erfinderisch gemacht. An Paul Barsch, den Herausgeber der »Breslauer Monatsblätter«, erging folgender »Honorarvorschlag« für einige Gedichte von Liliencron.

Kellinghusen, Holstein, 16. II. 89

[…] Mir fehlt ein großer Küchen-, d. h. **Arbeits**tisch für mich. Eher kann ich nichts schreiben. So ein Tisch kostet 5–6 M. Wenn nun, als Abschlag für ewig, die »M.blätter« diesen Tisch kauften – (für sich, denn mir würde er sofort abgepfändet) so könnte ich wenigstens arbeiten. […] Ich könnte ihn also hier vielleicht bestellen und Rechnung einsenden. Das nähme ich dann als Abschlagszahlung. […]

Aus Briefen an die Verleger Schuster & Loeffler:

9.2.96

[…]Eine letzte Geldsache noch. Ich habe eine infame Sektschuld (ein blödsinniger Abend mal) seit langer Zeit. Die »schöne Frau Wirtin« (Wittwe!!! honny soit qui mal y pense! hm, hm!) möchte nun aber doch anderswie »getröstet« werden. Kurz und gut: ich muß diese meine letzte große Schuld (ca. 200 Mark **einschließlich** einiger kleiner ekelhaften Schulden) endlich mal begleichen. Sonst dürfte die junge Frau nächstens, ja allernächstens unangenehm werden. Nun habe ich ja aber schon 500 M. durch Ihre große Güte bekommen. Lassen sich diese 200 M. nicht auch noch machen (als Vorschuß für »Poggfred«) bis Freitag früh in eingeschriebenem Briefe? Ich bin gewiß, daß Sie, geehrte Herren, von dieser Sektgeschichte nichts verraten, sonst könnt ich noch immer Bruder Liederlich genannt werden. Und ich bin in der That jetzt Bruder Vernünftig geworden. […]

6. Juni 97 (Pfingsten)

Die Teutschen gehn mal wieder in Bratenröcken. Zum Skatspiel mit umgehangenen Bierhörnern. Der einzige Teutsche, als wie ich, der allein sitzt, bin, wie ich eben sagte: »als wie ich« – nämlich, weil er ka Göld hat und von den übriegen Tagen an diesen Festtagen ausruhn kann. Denn: Heut und morgen kommen keine Gerichtsvollzieher, kommt keine Klage, kein Geldgeschrei. Gestern pfändete für 3 M. 60 Pf. – soviel Steuer bezahle ich jedes Vierteljahr – der Gerichtsvollzieher mich. Er klebte hinter ein (**Nicht**-Familien-)Bild die berühmte Marke. Wann bin ich endlich erlöst? Neue Schulden kommen hinzu. Ich hatte gehofft, heut einen kleinen Telegrammbrief von Ihnen zu bekommen. Aber da hett'n Uhl seten. […]

7.6.97 [tags darauf]

Meine lieben, **lieben** Herren, schon Ihre Karte heut früh brachte mir Entzücken. Ja, »sehn Sie zu« (wie wir Schleswig-Holsteiner sagen), daß Sie das Manuscr. fix loswerden u. **bald.**

Denn: mal tief und ernst gesagt, Ihr lieben Kerls: i halts nimamehr aus. Meine Geld-Schuldenqual übersteigt die irdischen Grenzen. 600 M. praeter propter sind »eingekommen«

[*durch öffentlichen Spendenaufruf, der einen Monat zuvor in den Zeitungen gestanden hatte*]. Nach *dem* Apparat. Also – ich habe Beispiele – muß ich wohl sehr unbeliebt sein. Wir wollen also bald ein Ende machen. Denn:

So solide ich lebe, bei Gott, so kommt doch in Verzweiflung »hie und da« ein Tag (eine Nacht), wo ich mir sage: **Genieße** und dann schieß dich todt. Ich hätte schon ein (verrücktes) Weib, die »mit mir ginge«. Hochzuverehrende Herren, schickt mir einen lieben Brief, ehe ich das gewollte oder nicht gewollte Opfer meiner Landsleute werde. In Liebe, Liebe, Liebe zu Ihnen, meine Herren,

Ihr L.

9.8.98

Hochverehrte Herren, ich wollte Ihnen schon Sonntag einen längeren Brief schreiben, kam aber, wegen tiefster Niedergeschlagenheit, nicht dazu. Wenn ich mich heute dazu aufraffe, so geschiehts nur in der freudigen Hoffnung meiner baldigen Erlösung: ich glaube und hoffe sicher, daß ich in kurzer Zeit durch einen linksseitigen Herz- oder Gehirnschlag (meine alten Kriegswunden, alle linksseitig, rühren sich auch) sterbe.

Ich gehe mit Freuden in den ewigen traumlosen Friedenschlaf, nachdem es mir nicht gelungen ist, in den bescheidensten Lebensverhältnissen vegetiren zu dürfen. Jede Hyäne, jeder Sperling, jedes Tier, nochmals sei es gesagt, darf mit seiner »Familie« die ärmlichste primitivste Höhle bewohnen; mir wars vom Schicksal versagt. Das bißchen Tod und Krankheit (nochmals seis gesagt) und die tägliche Milliarde von Greueln, die wir Menschen ja ohne Ausnahme durchmachen müssen, ist **nichts** gegen die ewige Geldnotplage. Ich sterbe gern, ohne Reue, nur mit dem tiefsten Schmerze, meine kleine Tochter im Elend zurücklassen zu müssen. Wärs voriges Jahr geglückt – es

hing ja nur an 3000 M. – mich zu retten, so wärs ein freudiges
Leben geworden. Ich hätte noch Vieles »geschrieben«; hätte,
erlöst von der unerhörten Geldnot, wieder frisch drauflos ge-
sungen. Alles stand sonst gut: durch Ihre Hülfe war ich endlich
durchgedrungen in der »Litteratur«. Und somit stand mir eine
glänzende litt. Zukunft bevor. Das Schicksal hat es nicht ge-
wollt […]

*Dieser Brief entpuppt sich – nach der gewaltigen Einleitung als mehr
oder weniger schlichter Geschäftsbrief: Dank für die letzte Abrech-
nung; woran mag es liegen, dass die »Kriegsnovellen« nicht gehen?
Könnte man sie nicht über Beziehungen in den Königlichen Eisen-
bahn-Bücherverkauf, also in die Bahnhöfe bringen? Es sollten Post-
karten mit Bildern von Liliencron, Dehmel, Falke u. a. in den Handel
geworfen werden – Reklame, Reklame; die Bitte um eingeschriebene
100 Mark, aus irgendeinem Posten bis Sonnabend zu schicken; eine
Lesereise wird projektiert, die später tatsächlich die Erlösung aus der
Geldqual einleiten wird. Ein pfiffiger, ironischer, vor allem geschäfts-
tüchtiger Brief, in dem der Autor seine Sache in die Hand nimmt und
betreibt – die Mischung von »moriturus te salutat«, wie ein früherer
Brief einmal anfing, zu: »Na, denn nicht, liebe Tante« ist bei Liliencron immer drin. Richard Dehmel charakterisiert das so:* Man mag
von ihm aussagen, was man will: es ist immer auch das Gegenteil richtig.

An die Verleger Schuster & Loeffler

4.8.99

O meine Freunde!
Nun also gehts wieder in die Welt.
(Bravo, bravo, bravo rufen meine Herren Verleger.)
Dies Vorlesen ist mir greulich.

(Heil, Heil, Heil rufen meine Herren Verleger.) Diese Trinkerei dabei, ekelhaft. (Heil, Heil, Heil rufen meine Herren Verleger.)

Dies nie Schlaf kriegen.

(Heil, Heil, Heil rufen meine Herren Verleger.)

Dies nie ordentlich Geld kriegen.

(Heil, Heil, Heil rufen meine Herren Verleger.)

Ja, wenn ich … 200 M. von meinen Herren Verlegern bekäme zu Anfang.

(Brumm, brumm, brumm rufen meine Herren Verleger.)

Da kann man ja die Kränk dabei bekommen.

(Schadtnix, schadtnix, schadtnix rufen meine Herren Verleger.)

Und schließlich den Dod.

(Heil, Heil, Heil rufen meine Herren Verleger.)

Wie wärs denn nun mit einem Vorschuß?

(Brumm, brumm, brumm brummen, Hm, hm, hm, Nie, nie, nie brüllen m. H. Verleger)! – […]

Einmal hat sich der bedürftige Dichter dazu entschlossen, per Annonce eine Anstellung zu suchen. Ob er es damit ernst gemeint hat? Tatsächlich hätte ihm eine feste Stelle nicht viel genützt: seine Gehälter wären bis auf ein Minimum einbehalten worden.

Annonce

[7.6.95]

Ein deutscher Dichter, längst als solcher anerkannt, trotzdem ohne genügende Existenzmittel, 50 Jahre alt, unverheiratet, von Adel, Hauptmann a. D., sucht zum Herbst bei begüterter, vornehmer Persönlichkeit Vertrauensstellung als Secretair, Repräsentant, Verwalter eines unbewohnten Schlosses oder Herrenhauses, oder dergleichen. Adressen mit Gehaltsangabe erbeten unter … (Chiffre).

Was er und seine Freunde zu seiner Rettung auch unternahmen: Das Wasser stand ihm immer bis zum Hals. Dann kamen auch solche Briefe vor, in denen er unverhohlen auf die Tränendrüse drückt, um aus einer alten Bekannten, die mit einer 50-Mark-Spende etwas knickerig gewesen zu sein scheint, noch mehr herauszuholen:

[28.10.97]

Gnädiges Fräulein [*Stolterfoth*], sind Sie es? Ist es dasselbe Fräulein Margarethe Stolterfoth, mit dem ich in Pellworm in Briefwechsel stand? Sind Sie dieselbe Fräulein Stolterfoth, die fast jahrelang die Einzige war, die an meinen (litterarischen) Stern glaubte, während ich von allen Seiten aufs wüthendste angegriffen wurde? Wenn Sie dieselbe gütige Freundin sind, dann bitte lesen Sie weiter; sonst verbrennen Sie diesen Brief.

Mir wurde nämlich heute (Demüthigung über Demüthigung) der »Bericht über das Ergebnis des Aufrufs zur Unterstützung des Dichters Detlev von Liliencron« vom Comité in Berlin übersandt. Und so grausam es für mich war, blätterte ich doch in diesem »Bericht« und fand den Namen Margarethe Stolterfoth aus Königsberg i. Pr. mit 50 M. darin. Ich kann natürlich nicht Allen danken; aber bei Ihnen thue ichs doch aus vollem Herzen, mich an unsre frühere Correspondenz erinnernd. Und dies ermuthigt mich zu diesem Schreiben. Es sind circa 4450 M. eingekommen. Außer ein paar Freunden (darunter Sie), die diese Summe zusammengebracht haben, sind es nur wenige (rührend!) arme Menschen (mit 1, 2, 3 M. p.p.), die geholfen haben. Im Großen, Ganzen hat der ungeheure Zeitungsapparat, der für mich in Bewegung gesetzt wurde, so gut wie nichts eingebracht. Es wären nicht 500 M. geworden.

Meine Freunde hatten große Rosinen im Sack. Sie dachten,

daß im Umsehn 80 000 M. gezeichnet würden. Ich dachte: wenns nur 10 000 M. werden, bin ich gerettet. Aber – es kam anders. So daß ich jetzt noch mit einem guten Drittel Schulden sitze. Sie werdens wohl in diesen Tagen in den Zeitungen gelesen haben. Es war thöricht von mir, erst uralte Schulden zu bezahlen, Schulden, die fast vor drei Dezennien gemacht worden sind. Meinen andern Gläubigern versprach ich sogar fest, sie würden im Oktober Alles bekommen. Und nun sitze ich da. Zu allen Grausamkeiten, Folterungen, Demüthigungen, die ich in dieser Angelegenheit habe über mich ergehn lassen müssen, habe ich nun auch noch den erneuten Sturm der Gläubiger zu ertragen. Meine Freunde thun das Äußerste, mich zu halten. Denn sie sagen, wie ich: Nur jetzt noch ists möglich, unter dem Eindruck des Aufrufs, daß wir Alles versuchen, was möglich ist. Und dasselbe sage ich mir selbst. Später ists vorbei, eine Unmöglichkeit. Und deßhalb nehme ich mir die unglaubliche Dreißtigkeit heraus, bei Ihnen, die so gütig war 50 M. beizusteuern, anzufragen: Können Sie mir durch Ihre Freunde p.p. nicht noch zu 500 M. verhelfen, wenns auch nicht auf einmal ist. Grade die »kleinen« Schulden, die ich jetzt hoffte mit einem Schlage zu bezahlen, quälen mich bis aufs Blut. Durch dies gänzlich unverhoffte Resultat dieser (gräßlichen) Klingelbeutelei bin ich in diese verzweifelte Lage gekommen. Während jetzt wohl der biedere deutsche Landsmann prahlt (ohne daß er einen Pfennig dazu gegeben hat): Jetzt haben wir wieder einem Dichter geholfen.

Ach, was sind das Alles für fürchterliche Dinge, womit ich Ihnen hier komme, nachdem Sie in so unendlicher Liebenswürdigkeit Ihren großmüthigen Beitrag gespendet haben.

Seit einem Jahre habe ich nichts mehr »schreiben« können vor meiner Schulden- und Geldnoth. Nun hoffte ich so bestimmt, »heraus« zu kommen, um mit ganzer Energie wieder an die Arbeit zu gehn. Und nun sitze ich dafür in dumpfer Verzweiflung in meinem Zimmer. Und denke: Nun ists aus, es geht zu Ende.

Sollten Sie mir eine fröhliche Nachricht bereiten können, so gönnen Sie mir das kleine Opfer einer Depesche. In alter Verehrung und mit **herzlicher Dankbarkeit** Ihr alter Baron Detlev Liliencron

Margarethe Stolterfoth hat umgehend gespendet, und sie hat im Jahr drauf noch einmal eine große Summe geschickt – zu Weihnachten.

20.12.98

Liebes (erlauben Sie mir zu sagen:) **sehr** liebes Fräulein Margarethe Stolterfoth! Gestern brachte mir Ihr Herr Neffe 2 Packete. Als er weggegangen war, öffnete ich sie. Zuerst den Roman von unsrer lieben Gräfin Josephine Schwerin, dem »Rosenknöspchen«. Dann das andere, wo ich Freimarken fand und ein Täschchen mit Ihrem Hause darauf, das ich – wollen Sie mich *nicht* sentimental nennen – an die Lippen drückte. Ich hielts (und werd es weiter halten) als ein liebes Andenken an Sie und an Ihr Haus u. an Königsberg. Dann – machte ich das Seidenpapier auf und – – zählte 1500 Mark in Hundertmarkscheinen. Und nun bitte ich dringend, mich **nicht** für einen Waschlappen zu halten, denn: ich warf mich schluchzend auf mein Bett, und blieb darauf lange, lange liegen. Und hatte mir einen Stuhl ans Bett gestellt, u. auf dem Stuhl lag Ihr portefeuille mit den 1500 M. Und immer wieder nahm ich es auf und zählte, zählte, zählte – – – blieb bis heute Morgen in meinem Zimmer, immer wieder voll innigen, innigen Dankes die 1500 M., das Portefeuille in meinen Händen haltend. Dank und Dank und Dank von Ihrem alten, treuergebenen Detlev Liliencron

Ein Jahr später scheint das Weihnachtsgeschenk ausgeblieben zu sein:

1.II.1900

Liebes Fräulein Stolterfoth, ich muß doch gleich diesem Briefe voranschicken, daß ich noch in **diesem** Monat die Mutter meines Kindes heirathen werde. Freilich, ich hatts mir schon vorgenommen. Und nun kam dazu der himmlische (verzeihn Sie mir dies etwas sentimentale Wort) Schluß Ihres Briefes. Ich sage mir, und Sie geben mir ja auch recht in Ihrem letzten Briefe: Vorläufig bleiben die Verhältnisse, wie sie sind, bis es mir endlich gelingen wird, eine gemeinschaftliche Wohnung zu nehmen. Selten oder nie ist wohl eine solche Ehe gewesen. Und selten oder nie eine solche Bettler-»Hochzeit«. Wo ich nicht weiß, wo ich das Nöthigste dazu herkriegen soll. Hätten Sie mir nicht ein paar Mal in so übergütiger Weise geholfen, […] so hätte ich mir jetzt die Dreistigkeit erlaubt, Sie oder eine Ihrer Freundinnen um 150 M. zu bitten. Ich bitte nicht direkt darum, sondern sage nur: wenns geht oder passen sollte. […]

Vollkommen absurd wurde Liliencrons Situation kurz vor seinem sechzigsten Geburtstag. In einem Brief vom 8. 8. 03 beschreibt er sie:

[…] Seine Majestät hat mir eine jährliche Pension von 2000 M. gegeben. (Etwas **sehr** wenig.) Das war vom Kaiser hochherzig und großsinnig. Und um so mehr ist es eine Heldentat von Seiner Majestät, als er mich, meine Kunst (wir kennen alle seine Kunstrichtung) durchaus nicht leiden mag und kann. Die Folge davon, die »Durchdiezeitungzerrerei«, war **entsetzlich** für mich. **Sofort** bekam ich vier gerichtliche Klagen und eine Zwangsversteigerungsandrohung. Und gestern Morgen: 2300 M. Verklagung, weil ich mal einem Kameraden von mir

– längst »verdorben und gestorben« – »gutgesagt« hatte. Na, also!

Außerdem hatte ich bis heute **über** 500 »Gratulationen«. Und je reicher die Gratulanten sind, je heuchlerischer sind sie. Alle taten so, als wenn mir der Kaiser statt 2000: 200 000 M. gegeben hätte! O, ich verstehe uns Menschen-Bestien! Dann kamen dazu: etwas über 60 Bettelbriefe (!!!!!!!), Bitten, unzählige, über Autogramme und Austausch von Exlibris p.p.p.p. **Nun, mein Verehrtester, was sagen Sie jetzt?** Ihr Märtyrer L.

Und an Richard Dehmel ging im September 1903 dieser naiv-verschmitzte Brief:

Lieber Richard, ich habe es nicht mehr aushalten können; ich wäre untergegangen in diesem Geldelend und an den entsetzlichen Folgen der Kaiserlichen Huld. Und deßhalb habe ich an den Kaiserlichen Hausminister von Wedel geschrieben und ihm alles ruhig auseinandergesetzt und ihn gebeten, es (bei Gelegenheit) S. M. vorzutragen und bei »Höchstdemselben« um 2000 M. Vorschuß zu bitten. Nicht wahr, so wars richtig von mir. Mein Gott, der Kaiser, der in der Tat so gütig zu mir gewesen ist, will doch nicht meinen Tod! Dein alter kämpfender (ich komme mir augenblicklich vor wie Deine »bekümmerte Löwenkröte«) Detlev

Seit 1901 lebte Liliencron in Alt-Rahelstedt, einem kleinen Ort in der Nähe von Hamburg, mit seiner dritten Frau und der Tochter Anna sehr zurückgezogen. 1904 ereilte ihn endgültig der Ruhm.

21. 4. 04

[...]Ja, dieser ganze Geburtstags**schwindel** ist für mich zum Speien, Vomieren, Übergeben, Kotzen. [...] Neid, Bosheit, und wie alle die 999 999 Gemeinheiten heißen, die uns alle täglich umlauern, sind nun an der Arbeit. Das könnte dann mein einziger Trost sein. *Denn:* Grade ich, der schon zu Lebzeiten gestorben sein möchte und vergessen, dem sein höchstes Ideal abgeschlossene Einsamkeit und Zurückgezogenheit ist, grade ich muß nun **diesen Schwindel mit** meiner eignen Person und **an** meiner eignen Person erfahren. Das ist mir unerträglich, **gräßlich!** Aber Mitte Juni ist alles vorbei und mein Name für immer in die Versenkung gefallen. Hosiannah!

Keineswegs jedoch sollte sein Name in der Versenkung verschwinden.
Vielmehr war, obwohl langsam die Schulden bezahlt werden konnten
– es hat einige Jahre gedauert –, die Alt-Rahelstedter Idylle dahin.

7.6.6
½ 4 Morgens, nachdem ich die
Nacht zu Hilfe genommen habe.
Lieber Poet [*Siegfried Heckscher*] [...]
Die tägliche Post nimmt zu: 4–6 Bücher **täglich.** Auch die Manuskripte!!! Nur Ihres hab ich noch gelesen. Jetzt ists mir nicht mehr möglich. Meinen 24stündigen Tag hatte ich schon zu 2400 (zweitausendvierhundert) Stunden gemacht. Nun hab ich mir auch **den Schlaf abgewöhnen** müssen. Und jetzt fehlt nur, daß ich Essen und Trinken aufgebe.! O GOTT.

Dazu kommt, namentlich im Sommer, unaufhörlicher Besuch; z.B. Alles, was in die Bäder reist, kommt vor bei uns. Menschen, die mich gänzlich vergessen hatten, erscheinen nun bei mir auf der Bildfläche u.s.w. u.s.w. Wir hatten jetzt 11 Tage hintereinander Besuch! Gestern hatten wir z. B. den Besuch eines lieben, alten Kameraden von mir. Er trank (dies ist buchstäblich zu nehmen) 4 Flaschen Rauenthaler, 11 Glas Bier, 3 Hennessy, 4 Mercier (auch Cognac) und 3 Glas Bowle. Und ging munter und frisch (wie Sokrates nach dem Gastmahl) zur Bahn dann. Ich sage: Auch 3 Glas Bowle. Der letzte Rest nämlich von einer Bofffle, die wir vorgestern brauen mußten, weil 14 (vierzehn!) Gäste bei uns waren!!! Ach, meine letzten Groschen gehn dabei zum Daibel. Ich flehe Sie an, sagen Sie allen Menschen, von denen Sie hören, daß sie uns einladen wollen: ich sei schon längst gestorben.

Ich lebe, da ich thatsächlich von m. Büchern [...] nichts habe [...], nur von meinen **Vorlesungen** [*Lesereisen*]. Ich bitte Sie daher, mir, wenn Sie irgendwie von andern davon hören (ich meine von solchen, die gern eine Vorlesung haben wollen, von Vereinen, fremden Städten p.p.), daß Sie diesen Leutchen mich vorschlagen: 300 M. + Reise + Nacht im Hôtel!   L.

Und dann - einen Tag später, an denselben Adressaten: das alte Lied:

Mein Poet, ich vergaß noch in meinem gestrigen Briefe: daß ich mir **durch Jahre hindurch** 7 Havannas zu 60 Pf. das Stück **gespart** hatte. **Auch diese** rauchte der Gute vorgestern hintereinander auf. – Teutschland hatte sich zu meinem heurigen Geburtstag **enorm** zusammengenommen: Teutschland schenkte mir nämlich **im Ganzen: 2 Pfund Spargel!!!** Sonst **nur Gedichte, Blumen**, ja selbst **Locken** (!!!!!). Keiner, aber auch **keiner** hat mir auch nur 5 M. geschickt und geschenkt.

Ihr alter L.

»Wenn Sie mir noch die Erlaubnis zur Beschaffung einer Mütze geben würden«
FRIEDRICH GLAUSER (1896 –1938)

An seinen Vormund Walter Schiller

Liestal, d. 14. Juli 1926

Sehr geehrter Herr Doktor,

Besten Dank für Ihren freundlichen Brief. Ich kann hier in Liestal Unterhosen von 4.50–5 frs. bekommen und Arbeitshosen in Manchestertuch für 19 frs. –20 frs. Ich glaube, es ist besser, die Sachen hier zu kaufen, ich kann das mir Passende auswählen und Ihnen dann die Quittung zukommen lassen. Auch denke ich, daß die Preise hier und in Zürich etwa gleich sein dürften. 35 frs. würden also genügen. Ich wäre Ihnen zwar dankbar, wenn Sie mir noch die Erlaubnis zur Beschaffung einer Mütze geben würden. Aber wenn Sie darob wieder mit meinem Vater Rücksprache nehmen müßten, würde ich bis zum Zahltag warten und diesen Kauf mit meinem Lohne besorgen.

Ich danke Ihnen herzlich für Ihre Bemühungen und verbleibe mit Hochachtung

Ihr ergebener F. Glauser

» Wenn Sie einmal ein hübsches Wurstrestchen haben«

ROBERT WALSER (1878–1956)

Biel, Januar 1914:
Liebe Frau Mermet, Sie geben mir, sowohl schon mit dem Schnaps, als nun auch noch mit den schönen Strümpfen, die Sie die Güte haben mir zu schenken, so viel und so aufrichtige Ursache, Ihnen zu danken, daß ich in Verlegenheit bin, was für Worte ich wählen soll, um Ihnen eine recht neue und schöne Artigkeit zu sagen. Jedenfalls fühle ich mich Ihnen stark verbunden, und ich freue mich nun darüber.

Biel, Okt./Nov. 1914 (?):
Sie waren so freundlich, liebe Frau Mermet, mir ein Geschenk zu machen mit den Kragen, die mir leider aber zu weit waren. Ich habe natürlich nichtsdestoweniger zu danken dafür, daß Sie, liebe Frau Mermet, so freundlich an mich gedacht haben.

Biel, Januar 1915:
Auf der Reise und in Berlin dachte ich stets gern an Sie und an die Geschenke, die Sie mir zu Weihnachten gemacht haben, an die gute Flasche Rotwein, an die Süßigkeiten und an die Taschentücher. Ich danke Ihnen hinterdrein herzlich dafür.

Biel, Januar/Februar (?) 1915:
Liebe Frau Mermet, Ich will Ihnen nur gleich herzlich danken für die guten Strümpfe, die Sie mir wieder geschickt haben,

und die mir sehr gut passen. Sie tragen sich ganz ausgezeichnet, krazzen nicht und geben schön warm. Tragen auch Sie, liebe Frau Mermet, jetzt ordentlich warme Strümpfe an Ihren lieben, zarten Füßen? Wie schön wäre es für mich, wenn ich vor Sie hinknien und Ihnen recht sorgsam Strümpfe und Stiefelchen anziehen könnte. Das ist ein bischen überspannt, nicht wahr?

Feldpost; (Cudrefin) 18.4.1915:
Liebe Frau Mermet, Zu meiner angenehmen Überraschung erhielt ich gestern von Ihnen ein Paket mit einem Briefchen von Ihrer lieben Hand. Für den Speck und Käse danke ich Ihnen herzlich. Ein Soldat sieht derartige Sachen immer gern. Was das Verzehren betrifft, so gestehe ich, daß das Stück Käse bereits verschwunden ist. Auch vom Speck, der vorzüglich mundet, sind schon ziemlich große Teile abgeschnitten und gegessen worden.

Biel, Freitag, (September 1915?):
Ich danke Ihnen, liebe Frau Mermet, für Ihren netten kleinen Brief wie für die Strümpfe auf's Beste. Die Letzteren werde ich im Militärdienst gut brauchen können, der wohl bald einmal wieder kommen wird, obwohl allerdings glücklicherweise bis jetzt noch nichts davon verlautet. Es hat mich gefreut, zu hören, daß Sie selber […] Strümpfe von derselben Wolle tragen und daß Sie sich darin sehr wohl fühlen. Die langen warmen Strümpfe geben gut warm, und das kann man in jetziger Jahreszeit gut brauchen, darin werden Sie wohl mit mir ein und derselben Meinung sein. Warme Strümpfe, die bis über die Knie reichen, sind wie ein Ofen. Am besten ist freilich beides zusammen.

Feldpost; Langenbruch (Baselland), ca. 18. Oktober 1915:
Liebe Frau Mermet, Ihr liebes Paket hat mir großes Vergnügen
gemacht. Sie verstehen es, liebe Frau Mermet, einem Soldaten
Freude zu machen. Wurst und Käse werden sicher ausgezeichnet schmecken. Besten Dank, liebe Frau Mermet, für die lieben
und nützlichen Geschenke, die zwei Nastücher und das schöne
warme Hemd, das vorzüglich paßt. Sie fordern mich auf, zu
sagen, ob ich noch ein zweites Hemd brauchen kann? Gewiß
kann ich das, und ich würde sehr froh und dankbar sein für ein
zweites Hemd. Das Hemd habe ich sogleich angezogen, und
ich fühle mich sehr wohl darin, fast so, wie wenn ich mich an
eine liebe weiche Frauenbrust andrückte.

Feldpost; Wisen, 29. Oktob. 15:
Ihr Käse schmeckte mir diese Woche zu den Pionierarbeiten
wundervoll. Was den Schnaps (Enzian) betrifft, so werden Sie
mir verzeihen, liebe Frau Mermet, wenn ich Ihnen gestehe, daß
ich begierig darauf bin.

Feldpost; Wisen, 8.11.15:
Liebe Frau Mermet. Ich danke Ihnen herzlich für Ihre liebe
Schnapssendung, die ich aufgebrochen und den Schnaps bereits ein wenig gekostet habe. Er ist vorzüglich, und ist schwer
zu beschreiben, wie gut er ist.

Biel, Weihnachtstag (25. Dezember 1916):
Lassen Sie mich Ihnen, liebe Frau Mermet, für Ihre liebe Art,
wie Sie die Güte hatten, mich zu beschenken, auf das herzlichste
danken. Der Rotwein ist bereits gestern ausgetrunken worden,
denn wenn ich schon einmal anfange, in Genüssen zu schwel-
gen, dann kenne ich nicht viel Maß, und es muß gerade mit ein-

mal alles aufgegessen und hingetrunken sein, was gewiß von mir
ein Fehler ist. Die guten Gützi [*süßes Gebäck*] und Basler Le-
kerli [*Honig- und Mandelgebäck*] sind mit dem Wein alle zusammen aufgegessen worden und haben vorzüglich geschmeckt.
Nun muß ich mich für die Strümpfe herzlich bedanken, die
gut warm geben bei diesem jetzigen naßkalten Wetter und im
Dienst, in den ich ja doch wieder werde einrücken müssen,
denn nach einem recht baldigen Weltfrieden sieht es noch nicht
aus.

Feldpost, 12.8.17:
Liebe Frau Mermet. Mit Ihrem Paket, enthaltend Käs, Anken
[*Butter*] und Biscuit haben Sie mir eine große Freude gemacht,
und ich danke Ihnen herzlich dafür.

Biel, 1.2.18:
Erst heute [...] komme ich dazu, Ihnen für das Hemd, das Sie
mir zu Weihnachten schenkten, nachträglich noch zu danken.

Biel, 21. III. 18: Liebe Frau Mermet. Ich bin nun wieder hier im
Blaukreuz [*Hotel Blaues Kreuz*], in meinem bisherigen Zimmer,
wo ich alles wieder so eingerichtet habe, daß es hübsch ordentlich aussieht. Alle guten Speck- und andern Eßsachen sind im
Dienst mit gebührendem Apetit schlankweg verzehrt worden.
Der Dienst ist, da ich so wohl verproviantiert war, gut und heiter verlaufen. Ein Stück Anken verzehrte ich noch in Bern [...]
Einen Rest Speck werde ich hier in Biel dieser Tage fertigessen.
Er schmeckt hier ebenso gut wie in Delsberg. Man kann ihn
nur rühmen, denn er ist von guter Qualität und besitzt den
besten Duft und einen durchaus feinen Wohlgeschmack. Sie
werden mir die höfliche Anfrage erlauben, liebe Frau Mermet,

ob ich etwa meinen graugrünen Anzug fix und fertig abgeliefert erhalten könnte. Es eilt zwar natürlich durchaus nicht. Es wird mich aber freuen, ihn zu tragen, denn ich bilde mir ein, er sei von Ihren fleißigen, geschickten Händen glänzend restauriert, gebügelt, gebessert, verfeinert und veredelt worden.

Biel, Sonntag, bei kleinem Regenwetter (April 1918): Liebe Frau Mermet. Sie waren so gütig, mir in einer netten blauen Schachtel (Dollfus Mieg u. Cie.) wieder einmal etwas Schmackhaftes zu schicken, das ich auf feines zartes Brot gestrichen und mit Apetit verzehrt habe, indem ich bei jedem Bissen an eine liebe Frau dachte.

Biel, 30. Juni 1918: Wenn Sie ein wenig Thee hätten, so würde ich gelegentlich sehr gern Empfänger davon sein. Eine dünne oder dicke Käsescheibe verachtet der Schreiber dieser Zeilen niemals, was nicht heißen will, Sie hätten nun augenblicks nach Käse zu laufen. Um Gotteswillen, nicht. Ich meine nur, daß ich stets hungrig bin, d. h. ich habe hier durchaus genug zu essen, aber ich schnappe hie und da von Herzen gern etwas Gutes drüber.

Biel, Mittwoch (10. Juli 1918): Liebe Madame Mermet. Ich erhielt Ihre liebe Sendung von Thee und Käse nebst stark mit Butterschicht zurechtgestrichenem Butterbrot, das herrlich schmeckte. Ebenso war der Käse sehr gut, ich habe ihn mit aller Lust zu Gemüt geführt, d. h. in den Mund gesteckt. Alle diese Sachen, liebe Frau Mermet, haben an mir einen dankbaren und verständnisvollen Esser und Genießer gefunden.

Biel, Blaukreuz, das Datum fällt mir leider nicht in den Kopf

(7. August 1918):

Liebe Mama; mit andern Worten Liebe Frau Mermet.

Ich komme durch die zahlreichen lieben Päckli-Sendungen
mehr und mehr in Ihre Gewalt und unter Ihre lieben Pantöffel-
chen. Glauben Sie nicht auch? Würde es Ihnen Vergnügen machen, liebe Frau Mermet, mich mit Haut und Haar zu besitzen,
ungefähr wie ein Herr einen Hund besitzt? Sie werden über
derlei Fragen wahrscheinlich lachen. Hier schreibe ich auf dem
letzten Papierbögli, ich muß wieder neues zu erhaschen suchen.
Für Sie, liebe Frau Mermet, müßte es ganz seidenfeines, zartes
Papier sein mit Spitzenrand und einer ziervollen Vignette. Das
meiste Papier ist zu wenig zart. Nun habe ich einstweilen sehr
viel Zucker beisammen und Thee ebenfalls. Die beiden großen
Eier sind sehr gut gewesen. Das Beste ist aber immer Käs und
Anken. Es ist immer eine liebe Freude, eine Sendung von Ihnen
zu öffnen. Man spürt ordentlich, wie sorgsam Sie sie hergerich-
tet haben, mit so lieben feinen Händen und kleinen geschickten Fingerlein ... Wissen Sie, liebe Frau Mermet, was ich mir
wünsche? Sie seien eine vornehme schöne Madame und ich
dürfte dann Ihre Magd sein und eine Mädchenschürze umha-
ben und Sie bedienen, und wenn Sie nicht zufrieden wären, ich
irgendwie Ihren Unmut hervorgerufen hätte, so würden Sie mir
Kläpfe geben, nicht wahr, und ich würde über die lieben Kläpfe
hellauflachen. Das wäre ein hübscheres Leben für mich als die
Schriftstellerexistenz, die ja freilich auch nicht übel ist.

Biel, September ?, 1918:

Liebe Frau Mermet. Ich danke Ihnen herzlich für die guten
Sachen wie Käs, Anken, Schinken- und Bifsteckbitzen, nebst
Brot, lauter nahrhafte Dinge, die ich mir habe schmecken las-

sen. Einer so guten Frau anhänglich zu bleiben, ist ja ein Genuß, das werden Sie glauben.

Biel, 16. Oct. 1918:

Liebe Frau Mermet. Ihren lieben Brief nebst einigen Käse- und Anken-Stücken zum Essen habe ich erhalten, wofür ich Ihnen bestens Dank sage. Man ist ein ganz anderer Mensch, wenn man frühmorgens etwas Anken aufs Brot streichen kann, und was unsern Schweizerkäse betrifft, so bin ich Liebhaber davon.

Biel, 24. October 1918:

[...] Dieser Brief ist ja eigentlich nichts weiteres als eine Bittschrift oder ein Bettelbrief, denn ich muß Sie anbetteln, nämlich um ein wenig Zucker zum Theetrinken. Wollen Sie so gut sein, liebe Frau Mermet? Für das Erhaltene, Anken, Bitz Käse und zwei Stücke Schweinsbraten, nebst Brot dankt Ihnen Ihr Hündchen bestens.

Biel, 1. Novb. 1918:

Liebe Frau Mermet. Ich schrieb Ihnen neulich ein Bitt- oder Bettelbillet um Uebersendung von Zucker, den ich bestens erhalten habe, und wofür ich Ihnen schönstens danke. Ich muß Ihnen schon für alles mögliche dankbar sein. Sie werden bald sagen: er erhält, empfängt und nimmt nur immer; aber von Geben seinerseits ist keine Spur. Heute schreibe ich Ihnen auf Chokoladepapier, weßhalb man meinen möchte, daß ich Ihnen einen Schokolade-Brief schreibe. Wenn's nach mir ginge, so sollten alle Buchstaben, die Sie schon von mir zugeschickt bekommen haben, lauter Fränkli und Fünflieber [*Fünffrankenstücke*] sein. Das gäbe einen ganz schönen Haufen. Aber es ist Ihnen manches Andere vielleicht lieber als Gold und Silber und weiß Gott für Schmucksachen. […] Für Käse in der goldgeränderten, schneeweißen Schachtel hätte ich extra zu danken. Das Stück ist portionenweise und sehr bedachtsam vertilgt worden.

Biel, 6.12.18:

[…] Fast hat es ziemlich lange gedauert, ehe ich Ihnen wieder einen Brief schreibe. Für den Ihrigen sowie für den Bitz Käse und Schweineschinken und jetzt für den Zucker danke ich Ihnen schönstens.

Biel, den 16. oder 17ten (ich weiß es nicht recht)
(Dezember 1918):

Liebe Frau Mermet. Für Ihren lieben kleinen Brief, der eigentlich kein Brief sondern nur eine Mitteilung ist, danke ich Ihnen, sowie für den Käse und Speck, die gewiß auch lieb sind, da Sie sie in Ihre lieben Hände nahmen. Alles, was Sie berühren, wird zu etwas Liebem. Alles, was Sie tragen, z. B. Ihre Kleider, ist auch lieb. Ich bin Ihnen einen Brief schuldig, worin das Wörtchen »lieb«! etwa hundertmal vorkommt, immer in anderer Art, damit es Ihnen nicht langweilig vorkäme. Aber ich denke, das kleine Wort werde Ihnen immer lieb sein. Da ist es schon wieder vorgekommen und wird vielleicht in unserem Briefwechsel noch oft zur Aussprache gelangen.

Biel, 12.4.19:

Liebe Frau Mermet. Ich habe Ihre Päckli ohne Brief aber mit Zupfen [*Weißmehlgebäck in Zopfform*] und Anken erhalten. Für den Brief, den ich nicht erhielt, danke ich nicht, weil das nicht im Bereich der Möglichkeit liegt. Wohl aber danke ich für das

Empfangene und Genossene. Es schmeckte sehr gut, und ich
bin für gute Sachen empfänglich, wie wenn ich ein Banquier
wäre. Schriftsteller stecken gern Stücke von weißmehligen We-
cken in den Mund.

Biel, 11.5.19:
[…] Gern würde ich etwas Thee und Zückerchen von Ihnen bekommen. Wollen Sie mir etwas schicken. Fleisch schicken Sie
mir keines, liebes Fraeli, denn ich mag kaltes Fleisch nicht. Ich
habe von allen Fleischsorten am liebsten ungekochtes Frauen-
fleisch, aber das ist allerdings nicht zum essen, sondern nur so
so. Und so weiter.

Biel, am Sonntag Abend (November 1919):
[…] Verzeihen Sie, daß ich Ihnen nicht längst für Ihre Sendung
Thee und Zucker gedankt habe. Ich tu es heute und glaube es
nicht besser tun zu können als mit den Worten: Sie sind lieb
gewesen, an mich zu denken, und was das Würstchen betrifft,
so darf ich sagen, es habe ausnehmend gut geschmeckt. Ich hab
es Ihrem freundlichen Rat gemäß aufs Brot gestrichen und ist
verhältnismäßig rasch verzehrt worden. Thee und Zucker kann
ich gut brauchen.

Biel, Samstag (13. Dezember 1919):
[…] An dem neuen Portemonnai habe ich Spaß, und es scheint
mir ein guter Einkauf. Es klappt prächtig auf und zu. Hierfür,
wie für die Ankenschnitten, danke ich Ihnen. Letztere aß ich
gestern vor dem Zubettgehen zum Thee, und sie schmeckten
vorzüglich. Ihr habt doch oben in Bellelay eine gute Küche.
Das Brot ist auch gut. Jedenfalls bleiben Sie nur hübsch oben,
da können Sie noch manches Gutes essen. Und dann haben

Sie's schön ruhig dort oben und sind gewöhnt daran. Heute habe ich von den Nüssen und der Schokolade probiert. Der Zucker liegt in der Zuckerdose.

Biel, Sonntag-Abend (10. X. 1920):
Liebe Frau Mermet. Ich danke Ihnen bestens für Ihre beiden liebenswürdigen Päckli enthaltend Eßsachen wie Käse Thee und Anken. Von letzterem esse ich morgen früh zum Kaffee das letzte Stückchen und das wird noch gut schmecken. Vom Thee brauche ich alle Tage nach dem Mittagessen, und er ist immer sehr gut.

Biel, 19. Oktober 1920:
Liebe Frau Mermet. Ich muß Ihnen wohl schnell für Ihre Sendung danken, die zum Teil bereits in den Mund und von da in den Bauch oder besser gesagt Magen hinabgegangen ist. Den Anken habe ich auf Brot gestrichen und bin damit Samstag über den Weißenstein nach Solothurn spaziert, es war für mich ein schöner Tag, so hell, so warm.

Biel, 29. Oktober 1920:
Liebe Frau Mermet. Dürfte ich Sie bitten, mir das Büchsli mit Schuhfett zu füllen? Eingefettete Schuhe sind jetzt wieder sehr nützlich, oder was meinen Sie? [...] Für die Sachen, die Sie mir heute sandten, danke ich Ihnen schönstens, ich bin nun mit Zucker recht sehr gut versorgt dank Ihrer Aufmerksamkeit.

Biel, 16. Novb. 1920:
[...] Ich danke Ihnen auch bestens für die mir geschickten brauchbaren paar Sachen. Mit dem Schuhfett habe ich soeben die Schuhe eingeschmiert, das Leder wird so weicher, und es

geht sich dann besser. [...] Meine Schwester Lisa hat letzthin
gemeint, ich könnte Wärter oben in der Anstalt [*in Bellelay, wo
Frieda Mermet als Plätterin arbeitete*] werden. Es würde mich interessieren, welcher Meinung Sie sind, liebe Frau Mermet, ob
Sie das für richtig hielten, und ob Sie glauben, daß es Ihnen
lieb sei. In diesem Falle wären wir uns ja sehr nah, nicht wahr,
aber vielleicht wünschten Sie das nicht einmal und sähen mich
lieber anderswo in irgendwelcher Stellung. Sie können mir ja
darüber gelegentlich schreiben.

Biel, 13. Dezember 1920:
Liebe Frau Mermet. Aus Ihrem letzten Brief ersehe ich, daß
es Ihnen gut geht [...] Ebenso ist mir angenehm zu hören, Sie
würden mich lieber in der Ferne fröhlich und schaffenslustig
als in der nächsten Nähe verdrießlich und untüchtig sehen. Es
zeugt dieser kluge Satz von Ihrer richtigen Auffassung. Menschen sollen sich nie den Lebensweg verschließen sondern einander helfen, denselben zu finden. [...] Ich sende Ihnen einige
Socken zum Ausbessern, da Sie mich daran gemahnt haben
und grüße Sie, liebe Frau Mermet, recht freundlich.

Bern, Murifeldweg 14, 15. Febr. 1921:
[...] Und Ihnen, liebe Frau Mermet, wie geht es Ihnen? Ich
nehme an, gut. Wie kommt es, daß Sie zu Ihrer Strumpfsen-
dung, für die ich Ihnen herzlich danke, gar nichts schreiben? Ei,
ei, spielen Sie etwa das gekränkte Leberwürstchen? Das wäre ja
fatal! Aber ich glaube Sie anders zu kennen. [...] Schicken Sie
mir hierher nach Bern keinen Thee, ich komme hier nicht zum
Theetrinken, aber wenn Sie mal ein hübsches Wurstrestchen
haben, so lassen Sie's mir zukommen.

Bern, Murifeldweg 14 (17. IV. 1921):
Liebe Frau Mermet. Ich habe Ihnen noch für die Wurst zu danken, die Sie mir sandten. Seither ist schon einige Zeit vergangen, ich bin ein bischen träge im Schreiben, was Sie entschuldigen wollen.

Bern, 30. Juni 1921:
Liebe Frau Mermet, ich erhielt Ihre liebenswürdige Sendung von Lebensmitteln wie Thee, Zucker und Emmenthalerkäse und danke Ihnen herzlich dafür.
Bern, Juli 19 21: Liebe Frau Mermet. Ich danke Ihnen für Ihren Brief nebst Eßwarensendung. […] Hier retourniere ich Ihnen auf Wunsch die Blechbüchse.

Bern, September 1921:
Chère Madame. Je viens vous remercier votre cadeau qui existait en bon fromage du Jura. Il etait exellent, je vous dis la verité quand je vous dis que je l'ai mangé avec le meilleur appétit du monde et ça veut dire beaucoup. Aussi vous ayez la bonté de m'envoyer du thé et du sucre, choses, pour lesquelles je vous dis aussi mille fois merçi.

Bern, Kramgasse 19 (Ende Dezember 1923):
[…] Ich bitte, Sie, verehrte bisherige und wohl auch noch immer nachgehende Freundin, mir eine Flasche womöglich weißen Weines, ein paar Güetzi und ein paar Worte von Ihrer Hand zukommen zu lassen, als säße ich in Biel im Blaukreuz wie nachmals und nicht hier in Bern, wo ich lernte über die Balustrade von Aarebrücken seiltänzerhaft zu balanzieren und sommers einmal beim Baden unter göttlich blauem Himmel schier im Wasser ersoffen wäre.

Bern, Kramgasse 19. (Januar 1924):
Liebe Frau Mermet. Ihre so liebenswürdige Folgsamkeit im
schleunigsten Erfüllen rührend vorgetragener Wünsche verdient höchliche Anerkennung, welche mir hiermit unter inni-
ger Verdankung aus Mund sowohl wie Feder fließt, italienisch
und feurig, ähnlich, wie gestern Ihre zwei Flaschen gespalten,
d. h. entkorkt und ihres edlen Inhaltes entleert wurden. Es ge-
schah dies ständlige [*stehend*], zuerst kam der Rotwein dran,
dann beinah unmittelbar der gelbe oder weiße. Mit den Süßigkeiten ging ich zu Kindern, die sich so abnehmerhaft betrugen,
daß die gestopfte Tasche bald leer war [...]

Bern, Fellenbergstr. 10, 22.Juli 1924:
Liebe Frau Mermet. Darf ich mir, edle mütterlich besorgte
Freundin, erlauben, Ihnen nächstdem eine Partie zerrissene
Socken zur gütigen umgehenden Aufbesserung zuzuschicken?
Dieselben befinden sich momentan in der Wäsche.

Bern, Fellenbergstraße 10, gegen Ende Juli
im gelobten Jahre 1924:
Liebe Frau Mermet, vornehmste aller Frauen, so sende ich
Ihnen denn mit Ihrer Erlaubnis flickwürdige und bedürftige
Strümpfe [...]

Bern, Fellenbergstr. 10, (August? 1924):
[...] Für die mir liebreich gesandten Socken danke ich Ihnen
bestens, es ist angenehm, in ganzen Strümpfen zu gehen. Den
Käse habe ich eben gegessen, wovon ich Ihnen ergebenst Mitteilung mache. [...]

Bern, 7. Oktober 1924:

[…] danke ich Ihnen für die Einladung, die es Ihnen beliebte, mir zu verabreichen und bin vielleicht unhöflich, wenn ich Sie mit der Bebügelung nunmehr meines Anzuges behellige, doch versicherten Sie mich ja Ihrer diesbezüglichen Bereitwilligkeit.

Bern, Ende Oktober 1924:

[…] Darf ich Ihnen bei dieser Gelegenheit einstweilen meinen andern Anzug zum Aufordnen einsenden. Wie ich mich glaube erinnern zu können, sagten Sie mir […], daß ich das tun darf.

Bern, Junkerngasse 29 III, Dezember 1924:

[…] Auf Ihre gütige Frage, ob ich etwas Spezielles wisse, was ich gern besäße, nehme ich mir heraus, zu erwidern, daß ich alles von Herzen gern aus Ihrer Hand empfange, sei es, was es sein mag, und ich bitte Sie, das als etwas Nebensächliches zu betrachten.

Bern, (Anfang Januar 1925):

Vielen Dank, meine verehrte, liebe große und stets herzlich gute Mutter oder französisch, Maman, für Ihre so gütigen Weihnachtsgeschenke, wie Weine und ein neues Hemd, von dem ich tapfer sage, es passe mir wie angemessen.

Bern, Thunstr. 21, (Februar 1925):

Liebe Frau Mermet. Darf ich Sie bitten, gütig vormerken zu wollen, daß ich erstens nun im Kirchenfeld wohne, […] und daß ich zweitens Ihren so rasend schmeichelnden Brief bestens erhalten und gnädig gelesen habe.

Drittens ist nun ein Büchlein »Die Rose« von mir erschie-

nen, das Sie in der Buchhandlung oder beim Verlag direkt
bestellen könnten, ich nehme aber an, eine so feine Frau, wie
meine liebe, werte hochgeschätzte **Madame Mermet**, schickt
dem Verfasser lieber zutraulich per Mandat Zwanzig Franken,
was ein bißchen teuer, dafür aber vornehm und für mich sehr
ermunternd ist, und flugs sendet Ihnen der untertänigste Diener dann das Buch flotteingepackt mit Segenswünschen ein.

Bern, Februar 1925:
Liebe Frau Mermet, es freut mich zu hören, daß Sie gut zwäg
sind und die zwanzig Fränkli habe ich meiner Kasse einverleibt
[…]

Bern, Thunstraße 21, (Februar 1925):
Liebe und, wie ich annehme, frohe Frau **Mermet** genannt die
Vorzügliche! Aus Ihrem Briefe ersehe ich, daß Ihnen die einge-
sandten Schriftsachen, wie Briefe u.s.w. Vergnügen bereitet haben, und so habe ich nun den Mut und komme und unterbreite
meiner vortrefflichen, lieben Mama, falls sie es mir gestattet,
mein Buch […] Ich habe jetzt auf Lager noch zwei Exemplare,
die ich geneigt wäre, an erwähnte beide Tischdamen für je 15
Franken abzugeben. Proponieren Sie ihnen den Preis aber nur,
wenn es Ihnen scheint, verehrte Frau, daß sie darauf eingehen.
Sie müssen nämlich ja wissen, daß der Handel, den ich da be-
treibe, eigentlich ein bißchen frivol, von geschäftlich-usueller
Seite nicht ganz frei von etlichem Einwand ist, indem die Exemplare sogenannte Freiexemplare darstellen, die es nicht üblich
ist zu verkaufen. Ich schätze nun aber Bellelay so sehr und die
dort befindliche Damenwelt, daß ich unwillkürlich darob zum
Kaufmann und Kriegs- oder Friedensgewinnler wurde.

Bern, Elfenauweg 41, (April 1926):
Liebe Frau Mermet. Darf ich Sie bitten, mir zu gestatten, Sie zu fragen, ob Sie so gut sein wollen, für mich ein neues Paar Finken [*Hausschuhe*] bei eurem Schuhmacher machen zu lassen. Ich lege eine Figur bei. Die, die ich trage, hielten lange, nun sind sie durchgetreten.

Bern, Elfenauweg 41, (April 1926):
Liebe Frau Mermet. Meine Schuhnummer ist 42 oder 43, und hier lege ich Ihnen das Maß bei und sende Ihnen mit einer Umgehendheit, die nichts zu korrigieren übrig lassen dürfte, den einen Finken bei, der kein Buchfink ist, sondern eine Schriftstellerarmatur, denn wie oft lief ich in dieser Fußbekleidung feuilletoneifrig und gleich einem Löwen zeitgemäßen Journalistentums im Zimmer oder vielmehr in all den Apartements herum, die ich hier in diesem **Bern** schon innehatte und in No. 27 des Hotels zur blauen Kreuzotter zu **Biel.** Es geht mir sehr gut. Ich habe eine neue Mama, oder es ist so: eine neue Mama hat den Weg zu mir gefunden. Mama sein bedeutet sehr viel, kann sehr wenig und sehr viel sein. Man muß das anders auffassen als lediglich bürgerlich, d. h. man muß nicht, doch man darf.

»www.albannikolaiherbst.twoday.net«
Der Autor in diesem Jahrhundert

ALBAN NIKOLAI HERBST

Ein Wort in eigener Sache. Es ist existentiell so eng geworden, daß ich derzeit mit den Mieten immer ins Hintertreffen gerate; die Krankenversicherung bediene ich seit längerem nur noch mit kleinen Stotterbeträgen, damit es bei Mahnungen bleibt und sie mir nicht gekündigt wird. Auch hier ist dringend Abhilfe gesucht. Worum ich mich aber am meisten sorge, ist die Arbeitswohnung Dunckerstraße. Sie ist ja seit THETIS fester, immer wieder beschriebener Ort von ANDERSWELT-Handlungen, also längst literaturgeworden-selbst. Ich würde sie gerne mindestens bis zum Abschluß des dritten Bandes der Trilogie (ARGO) halten, aber das ist derzeit sehr gefährdet. Also suche ich einen – sagen wir mal: Financier, der die Miete der Arbeitswohnung kurzerhand für ein Jahr vorausbezahlt. Da ich dafür noch eine alte Ostmiete zahle (es gibt keine Heizung etc.), wäre es schon deshalb absurd, den Ort aufzugeben. Die Kinderwohnung (Zwei-Väter-WG, worin ich ein Zimmer für meinen Kleinen, für mich aber keines habe, sondern ich arbeite da in der Küche) betrachte ich hingegen als eine verpflichtende Bleibe für meinen Jungen, der 3 ½ Tage wöchentlich bei mir ist. In der Arbeitswohnung könnte ich den Kleinen nicht unterbringen; es ist zu eng, vollgestopft mit Büchern, Platten, dem übrigen Arbeitsmaterial. Es ist eben auch nur ein einziger Raum. Für den Kleinen wäre das gräßlich. Nicht einmal ein Bett gibt es hier.

Würde mir die Arbeitswohnung nun gekündigt werden, wüßte ich – von dem literarischen Aspekt einmal abgesehen – gar nicht, wohin mit meinen Arbeitsmaterialien. Es ergäbe so oder so eine Katastrophe, denn jede neue Wohnung, die ich zusammen mit dem Jungen bezöge (also für jeden ein Zimmer), wäre signifikant teurer, als es insgesamt jetzt mit den beiden Wohnungen ist. Der Betrag, übrigens – Wichtiges steht immer in einem Übrigens – ist objektiv nicht sehr hoch, 12 x 155 Euro für ein Jahr.

Ich habe bei diesem Anliegen kein schlechtes Gewissen, sondern stehe da in einer Tradition, der man stolz ins Auge sehen kann. Daß ich wenig arbeite, kann sicher keiner sagen, der die Entwicklung sowohl der fiktionären Website als auch DER DSCHUNGEL. ANDERSWELT lesend mitverfolgt. Letztere sind in ihrer ästhetischen Art wohl einzig im deutschsprachigen Raum; entsprechend werden sie auch sowohl frequentiert wie diskutiert. Und was die Download-Zahlen der auf die fiktionäre Website gestellten Texte anbelangt, bin ich seit dem 29. 9. 2004 heute morgen bei 13.752 angelangt, das entspricht rund 860 Text-Downloads pro Monat.

Selbstverständlich, es würde viel mehr helfen, bekäme ich einen neuen Verlagsvertrag. Nach den Geschehnissen um mein verbotenes Buch sieht das aber nicht so aus; für ARGO haben nahezu sämtliche deutschen Großverlage abgesagt; eine Situation, in der ich bereits vor Erscheinen von WOLPERTINGER ODER DAS BLAU gewesen bin. Ich habe darüber an anderen Stellen mehrfach geschrieben.

Abschließend möchte ich noch den Lesern danken, die dazu übergegangen sind, nach eigenem Ermessen – quasi als Abonnement Der Dschungel – kleine Beträge an mich zu überweisen. Ach ja, und noch eines: Falls jemand für die Arbeitswohnung einspringen möchte, kontakte er mich bitte unter *). Ich würde ihr/ihm dann die Kontonummer meines Vermieters mitteilen, da ich das Geld nicht persönlich bekommen möchte. Zum einen bestünde die Gefahr, daß es, wegen drohender Kontopfändung, seinem Verwendungszweck nicht zukäme; zum anderen könnte mich die schwärende Situation dazu verführen, es für anderes zu verwenden.

Ich danke Ihnen allen.

ANH

Statt eines Nachworts

JAKOB HARINGER (1898–1948)

Freunde der Dichtung

In drückendster, schwerster, kunstfremder Zeit erscheint dies Werk in nur 100 Exemplaren hergestellt, das über 20 Jahre keinen Verleger fand. Wer dies Buch nicht beachtet, hat eine gute Sache im Stich gelassen. Vielleicht ist es anmaßend, heute noch an 100 Menschen zu glauben, die wahren Sinn für wahre Kunst, die noch Herzblut und keine toten Automaten, wie die Meisten. – Zumal auf die beiden letzten Werke, die ich versandte: »Schnarchen« (60 Exempl.) – kein Einziger und auf »Kleine Gedanken« ein Einziger antwortete. Das ist aber bestimmt nicht trostlos für mich; nein, für diese ganze Zeit und bezeichnend, daß man wohl für Kino, Cafe, Bier, Partei Geld übrig hat, nicht aber für ein Künstlerisches Werk. Wer dieses Buch nicht behalten will, sende es bitte zurück; ich lebe in bitterster Not und kann's nicht verschenken. Man möge sich auch billige Worte sparen: daß die Zeiten schwer, weiß ich mehr als genug, ich weiß aber auch, daß sie nicht schwerer als alle anderen Zeiten. – Das Werk kostet RM 5. – [im Original 10, – mit Bleistift gestrichen, ausgebessert auf 5, –] auch in Raten zahlbar und, da mir eine Zeit jede Existenzberechtigung abgesprochen hat, bitte ich auch, falls kein Geld möglich: um Brot, um Lebensmittel, alte Kleidung, Hemden, Socken. Meine einzigen Schuhe sind zerfetzt, meine einzige Hose ist

zerrissen, Mantel besitz ich keinen. Wem es so schlecht geht
wie mir, und der Interesse hat, möge das Werk umsonst nehmen. – Ich wende mich an die Unbemittelten, die Armen,
denn die Reichen haben ja für einen Dichter nichts mehr übrig
– … wenn ich an meine zahlreichen reichen Bekannten und
»Freunde« (!!) denke, denke ich an Beethoven, und wie er sich
über die seinen ausgedrückt. – Gönner, Förderer, Mäcen – sind
Worte einer vergangenen Zeit. Niedergeschlagen und maßlo-
ser Not, will man aber doch noch leben, für sein Werk und es
gibt ja heute für einen wahren Dichter keine andere Veröffent-
lichungsmöglichkeit. – Ich suche Freunde edler Dichtung und
aufrichtigsten Lebens. Diese wissen, daß es in der Natur natürlich zugeht und werden meine Verse wie Blumen und Früchte
betrachten. – Dichtungen, wie ich sie schreibe, tragen nichts!
Es war immer so!! So zu dichten ist Schicksal, und gibt es da
wirklich nicht die paar Menschen, die für diesen starken Band
Verse nicht mal ein Nachtmahl übrig oder einen Betrag, den sie
für einen Theatersitz, einen Liter Wein über die Gasse bezahlen müssen. – Es ist komisch, daß Mut und Vertrauen immer
noch die haben, die gänzlich am Hund! Aber, wen kümmern
heute noch Sünden am Geist und Schicksal der jüngsten Dichtung??! Wo es doch stets so war: Lessing starb verbittert, mit
Almosen abgespeist, Beethoven, Schubert verhungerten, Mo-
zart bekam ein Massengrab, den alten Wieland lachte man aus,
auf Georg Forster's Kopf setzten die preußischen Generäle einen Preis, Kleist endet verzweifelt in Selbstmord, Büchner von
der Polizei gejagt starb als Emigrant, Börne, Heine durften
nicht in Deutschland leben, grauenhaft war Hebbels Jugend,
Nietzsche wird verspottet und bespien, Wedekind, Thoma, Pa-
nizza etc. etc. werden eingesperrt. – Und ich?? ich habe über

20 Prozesse wegen Gotteslästerung ... Die Leutchen, die in der sogenannten Dichterakademie sitzen, kennen mich ja alle, alle – soll ich hier die ebenso dummen wie dreisten Äußerungen M^S., M^S., W^s. etc. über mich zitieren. Schade für's Papier! Ich habe mit schriftstellerndem Gewerbe leider nichts zu tun – ich bin und war stets Dichter, einzig und allein bloß, und nichts, gar nichts als Dichter! Ich drucke lieber umstehend »Mein Leben«, daß ich schon vor vielen Jahren schrieb. Freilich, seitdem wurde ich ins Englische, Französische, Dänische, Schwedische, Italienische, Ungar. Poln., Tschech., Serbische etc. etc. übersetzt, steh' im Meyer, im Brockhaus, im Herder ... und lag damals in einem sauberen Krankenhaus, während ich heute buchstäblich hungernd, in Fetzen bin und kein Obdach habe. Es hat sich also nichts geändert, gar nichts, nein; man ist nur noch ärmer, noch verlassener, noch um Vieles mehr betrogener als damals ... armer, armer Chaplin – – – Freunde der Dichtung!!! wo, ach – wo seid ihr, wo bleibt ihr Heute?

Z. Zt. Breslau 9, Jakob Haringer, Kreuzstr. 39
Gartenhaus I, bei Winkler

Textquellen

Hugo Ball, Der Künstler und die Zeitkrankheit. Ausgewählte
Schriften, Frankfurt a. M. 1984

Charles Baudelaire, Ein Leben im Widerspruch. Briefe, Köln
1969

Georg Büchner, Briefe von ihm und Briefe an ihn. Erinnerungen an Büchner, Berlin (DDR) 1978

Matthias Claudius, Botengänge. Briefe an Freunde. 2. Auflage,
Berlin 1965

Fjodor M. Dostojewski, Briefe, 2. Bd., Leipzig 1984

Theodor Fontane, Briefe in zwei Bänden, Berlin und Weimar
1980

Friedrich Glauser, Briefe 1, 1911–1935, Zürich 1988

Christian Dietrich Grabbe, Werke und Briefe, Göttinger Aka-
demie-Ausgabe, Bd. 5/6, Emsdetten 1970

Jakob Haringer, Aber des Herzens verbrannte Mühle tröstet
ein Vers, Salzburg und Wien 1988

Heinrich Heine, Briefe, hg. von Friedrich Hirth, Mainz 1949/
1950

Friedrich Hölderlin, Sämtliche Werke, Sechster Band, Briefe,
Stuttgart 1959

Jean Paul, Die Briefe Jean Pauls, Erster Band, 1780–1794, hg.
und erläutert von Eduard Berend, München 1922

Uwe Johnson – Siegfried Unseld, Der Briefwechsel, hg. von
Eberhard Fahlke und Raimund Fellinger, Frankfurt am Main
1999

James Joyce, Werke V, Frankfurter Ausgabe, Briefe I, 1900–
    1916, hg. von Richard Ellmann, Frankfurt a. M. 1969

Franz Kafka, Tagebücher in der Fassung der Handschrift,
    Frankfurt a. M. 1990

– Amtliche Schriften, hg. von Klaus Hermsdorf, Berlin (DDR)
    1984

– Briefe an Milena (erweiterte Neuausgabe), Frankfurt a. M.
    1986

Irmgard Keun, Ich lebe in einem wilden Wirbel. Briefe an Ar-
    nold Strauss 1933 bis 1947, hg. von Gabriele Kreis und Mar-
    jory S. Strauss, Düsseldorf 1988

Heinrich von Kleist, Werke und Briefe, Bd. 4, Briefe, Berlin
    und Weimar 1978

Wolfgang Koeppen – Siegfried Unseld, Der Briefwechsel, hg.
    von Alfred Estermann und Wolfgang Schopf, Frankfurt am
    Main 2006

Else Lasker-Schüler, Lieber gestreifter Tiger. Briefe von Else
    Lasker-Schüler, Erster Band, und: Wo ist unser buntes The-
    ben. Briefe von Else Lasker-Schüler, Zweiter Band, hg. von
    M. Kupper, München 1969

– Gedichte 1902–1943, München 1959

Gotthold Ephraim Lessing, Gesammelte Werke, hg. von Paul
    Rilla, Berlin und Weimar 1954–58, Bd. 9, Briefe

Mechtilde Lichnowsky, in: Kurt Wolff, Briefwechsel eines Ver-
    legers. 1911–1963, hg. von Bernhard Zeller und Ellen Or-
    ten, Frankfurt a. M. 1966

Detlev von Liliencron, Ausgewählte Briefe, hg. von Richard
    Dehmel, Bd. 1, Berlin 1910; Bd. 2, Berlin 1911

Robert Musil, Prosa und Stücke, Kleine Prosa, Aphorismen,
    Autobiographisches, Essays und Reden, Kritik, hg. von Adolf
    Frisé, Reinbek bei Hamburg 1978

– Briefe 1901–1942, hg. von Adolf Frisé, Reinbek bei Hamburg
   1981

Edgar Allan Poe, Das gesamte Werk in zehn Bänden, hg. von
   Kuno Schumann und Dieter Müller, Bd. 8, Briefe, Olten
   1966

Joseph Roth/Stefan Zweig, in: Joseph Roth, Briefe, 1911–1939,
   hg. und eingeleitet von Hermann Kesten, Köln/Berlin 1970

Friedrich Schiller, Werke, hg. von Julius Petersen und Hermann
   Schneider, Bd. 26, Weimar 1958

Anna Seghers/Wieland Herzfelde, Gewöhnliches und Gefährliches Leben. Ein Briefwechsel aus der Zeit des Exils 1939–
   1946, Darmstadt und Neuwied 1986

August Strindberg, Werke, Bd. IV, Briefe, Hamburg/Berlin
   1956

Georg Trakl, Dichtungen und Briefe, Salzburg 1969

Robert Walser, Briefe, Zürich 1975, 1979

Aufschluss über die finanziellen Verhältnisse des einen oder
anderen Schriftstellers bietet die schöne große Essay-Sammlung: Karl Corino (Hg.), Genie und Geld. Vom Auskommen
deutscher Schriftsteller, Nördlingen 1987

Die Herausgeberin und der Verlag danken für die freundliche
Genehmigung zum Abdruck:

   Akademie-Verlag, Berlin/DDR (Franz Kafka, Amtliche
Schriften); Arche Verlag AG Raabe + Vitali, Zürich (Fried-
rich Glauser); Aufbau-Verlag, Berlin und Weimar (Anna Seg-
hers); Claassen Verlag, Düsseldorf (Irmgard Keun); S. Fischer
Verlag, Frankfurt am Main / Schocken Books, Inc., New York
City (Franz Kafka, Tagebücher; Briefe an Milena); S. Fischer
Verlag, Frankfurt am Main (Stefan Zweig); Verlag Kiepenheuer

& Witsch, Köln / Verlag Allert de Lange, Amsterdam (Joseph Roth); Kösel-Verlag, München (Else Lasker-Schüler); Residenz Verlag, Salzburg (Jakob Haringer); Rowohlt Verlag, Reinbek bei Hamburg (Robert Musil); Societäts-Verlag, Frankfurt am Main (Mechtilde Lichnowsky); Suhrkamp Verlag, Frankfurt am Main (James Joyce); Suhrkamp Verlag, Zürich/Carl Seelig Stiftung, Zürich (Robert Walser).

VERLAGSANZEIGEN >

JOYCE CAROL OATES

Beim Schreiben allein
Handwerk und Kunst

Übersetzt von Kerstin Winter
ca. 160 Seiten,
Dt. Erstausgabe April 2006
ISBN 3-86671-002-X

»Schreib dir die Seele aus dem Leib.«
»Schäm dich nicht, idealistisch zu sein, romantisch und voller Sehnsucht.«
»Lass dich nicht entmutigen.«

Joyce Carol Oates zeigt, wie man eine Geschichte zu etwas Außergewöhnlichem macht, einen Roman zum Leben erweckt und warum ein Schriftsteller nicht nur Künstler, sondern auch literarischer Handwerker sein muss. Es geht um Inspiration, Erinnerung, Selbstkritik und die »einzigartige Macht des Unbewussten«.

Darüber hinaus verrät sie Persönliches, bietet Ratschläge für junge oder angehende Schriftsteller an und schreibt über den Einfluss fiktiver Figuren auf den Autor und welche Wechselbäder er bei seiner Arbeit erlebt.

In vierzehn Kapiteln erklärt sie in *Beim Schreiben allein,* wie Sprache, Ideen und Erfahrungen zusammenfließen, um Kunst entstehen zu lassen.

»Nur wenige können sich mit Oates' literarischer Erfahrung und Kompetenz messen. In ihrer neuen und sehr persönlichen Essay-Sammlung steckt ihr fundiertes Wissen und die für sie typische Offenheit.«
Booklist

ERICA JONG

**Den Dämon verführen
Schreiben, um zu leben**

*Übersetzt von Kerstin Winter
ca. 240 Seiten,
Dt. Erstausgabe Sept. 2006
ISBN 3-86671-005-4*

»Pikante, kluge und freimütige Erinnerungen (...) Leser, die von der Autorin von *Angst vorm Fliegen* couragiertes Schreiben erwarten, werden nicht enttäuscht. Jong schwört, die Wahrheit über ihr Leben darzulegen – ihre Fehler, ihre Reue, ihre Scheidungen, ihre Prozesse. Selbst die unangenehmsten Dinge, so Jong, tat sie stets in dem Wissen, dass sie darüber schreiben würde. (...) Immer wieder kehrt Jong zur Kunst des Schreibens zurück und erklärt, wie sie ihre Romane verfasst, wie sie die Muse herbeiruft (›den Dämon verführt‹, wie sie es nennt) und wie wichtig es ist, die Wahrheit zu sagen.« *Kirkus Review*

»Charmant und amüsant.« *Publishers Weekly*

»Witzig und typisch selbstironisch« *Washington Post*